RE𝑺𝑺OURCES INHUMAINES

DU MÊME AUTEUR

Présentation et annotation du *Vétéran. Onze ans dans les camps de concentration*, de Carl Schrade, Paris, Fayard, 2011.

La Manipulation, Paris, PUF, « Que sais-je ? », 2011.

Histoire des médias en France de la Grande Guerre à nos jours (avec Christian Delporte), Paris, Flammarion, « Champs-Histoire », 2010.

Crises, chaos et fins de monde. Des Mayas au krach de 2008 (avec Nicolas Baverez, Jean-Luc Domenach *et al.*), Paris, Perrin, 2009.

Et si on refaisait l'histoire ? (avec Anthony Rowley), Paris, Odile Jacob, 2009.

Comment naissent les révolutions ? (avec Henry Bogdan, Philippe Chassaigne *et al.*), Paris, Perrin, 2009.

La Vie mondaine sous le nazisme, Paris, Perrin, « Tempus », 2008.

La Politique au naturel. Comportement des hommes politiques et représentations publiques en France et en Italie du XIXe au XXIe siècle (édition), Rome, École française de Rome, 2008.

Brève histoire du XXIe siècle, Paris, Perrin, 2007.

Des gestes en histoire. Formes et significations des gestualités médicale, guerrière et politique (dir. avec Anne-Claude Ambroise-Rendu et Nicole Edelman), Paris, S. Arslan, 2006.

La Circulation des élites européennes. Entre histoire des idées et histoire sociale (dir. avec Henri Bresc et Jean-Michel Sallmann), Paris, S. Arslan, 2002.

L'Éloquence politique en France et en Italie de 1870 à nos jours (édition), Rome, École française de Rome, 2002.

Histoire et politique en France et en Italie. L'exemple des socialistes, 1945-1983, Rome, École française de Rome, 2000.

Fabrice d'Almeida

Ressources inhumaines

Les gardiens de camps de concentration et leurs loisirs 1933-1945

Fayard

Ouvrage édité sous la direction d'Anthony Rowley

Création graphique : un chat au plafond
Barbelés © Haramis Kalfar/Fotolia

ISBN : 978-2-213-66178-0

Introduction

Au mois de décembre 2006, un ancien officier américain en mission en Allemagne à la Libération contacte le musée de l'Holocauste à Washington. Il propose de vendre un album photographique provenant d'Auschwitz, qu'il a découvert à Francfort en 1945. Rebecca Erbelding, une jeune archiviste, accepte de voir l'objet. Elle sait que l'armée allemande en a fait grand usage auprès de ses soldats afin qu'ils puissent y coller leurs « souvenirs de guerre ». Depuis quelques années, ces objets s'arrachent à prix d'or sur e-bay. Dans les unités combattantes et les camps de concentration, des services photographiques avaient été chargés de fabriquer des pièces d'identité et de ficher les prisonniers. Les photographes effectuaient aussi des reportages pour la presse, pour les besoins du service ou à des occasions anecdotiques. Ainsi, pour son 50e anniversaire, le 2 août 1937, le commandant du camp de Sachsenhausen, Karl

Otto Koch, reçut deux albums complétés par ses subordonnés, qui ont été retrouvés à Moscou, dans les archives de l'ancien KGB, en 2006. Koch était lui-même photographe amateur et alimentait ses albums de famille, conservés cette fois aux Archives nationales américaines, si bien que l'on peut suivre sa carrière et sa vie privée : les photos de détenus au travail alternent avec celles de sa chienne ; l'effet de brouillage qui en résulte est plus que troublant.

Du premier coup d'œil, l'archiviste comprend l'importance d'un document qui montre certains des principaux protagonistes de la politique génocidaire en train de se détendre, voire de s'amuser. En janvier 2007, sitôt l'album entré dans les collections du musée, les archivistes du service photographique se lancent dans une longue enquête pour identifier les femmes et les hommes figurant sur ces images. Ils découvrent ainsi le nom du propriétaire originel de l'album : Karl Höcker, un officier SS. Celui-ci l'avait sans doute reçu à l'occasion de la fermeture du camp d'Auschwitz dont il avait été l'un des principaux organisateurs. Peut-être aussi entretenait-il de bonnes relations avec les photographes, deux sous-officiers SS assistés d'un prisonnier polonais. Ceux-ci ont choisi des clichés qui devaient illustrer, selon un ordre chronologique, les bons moments passés ensemble et les instants solennels de la vie en commun.

Le surprenant album Höcker pose ainsi la question dérangeante de la vie privée des bourreaux et de leurs menus plaisirs. Son apparence simple, banale, normale, renvoie aux albums de famille conservés dans tous les foyers. C'est là que naît le plus grand malaise : pour les commensaux de Höcker, la gestion quotidienne de la mort était un emploi comme un autre, avec ses horaires et sa lassitude, ponctué de nombreux moments de détente dont on voulait conserver la trace. Grâce à ces loisirs souvent calmes, parfois brutaux, les employés des camps ont entretenu un cadre de vie dont la préservation justifiait à leurs yeux la violence et l'extermination. Dans les derniers mois de son existence, ceux pendant lesquels Höcker fut le directeur adjoint du camp, la liquidation des juifs de Hongrie se déroulait à Auschwitz. Encore à ce moment-là, l'administration concentrationnaire réorganisait l'existence des bourreaux dans le souci de rompre la routine. Les surveillants subissaient d'importants changements dans leur vie privée. L'album du musée de l'Holocauste de Washington montre que, dans cette phase de violence, la quête de la jouissance se poursuivait.

Le cas d'Auschwitz était-il exceptionnel ? Les gardes des autres camps et leurs officiers bénéficiaient-ils du même cadre de vie ? La question nécessitait de trouver d'autres documents pour s'en assurer. C'est ainsi que s'est imposée l'idée de voir si dans les archives centrales de la SS il existait un fonds d'archives rendant compte des loisirs des gardiens. Grâce aux indications de jeunes chercheuses, Christelle

Trouvé et Elissa Mailänder Koslov, et avec l'aide d'un jeune médecin allemand, Thomas Irmer, une source émergea. Son contenu est aride : factures, listes d'approvisionnement et quelques lettres liées à des problèmes de cet ordre. Ces documents sont principalement centrés sur la période de la guerre. Mais ils dressent un bilan de la situation préalable à la Seconde Guerre mondiale. En fait, ils poussent à revenir sur l'histoire des camps et des gardiens depuis leur origine, dès 1933.

En mars 1933, en effet, Himmler, alors chef de la police politique de Munich, avait fondé le premier camp de concentration à Dachau, dont la surveillance était confiée à de simples policiers[1]. Il agissait dans le cadre du décret-loi sur la sécurité du peuple et de l'État adopté à la suite de l'incendie du Reichstag, le 28 février précédent. Rapidement, des socialistes, des communistes et des syndicalistes y furent enfermés. Bientôt, les pouvoirs de Hitler étaient renforcés par le vote d'une loi de pleins pouvoirs, le 23 mars. Himmler à son tour était promu chef de la police politique de toute la Bavière, le 1er avril. Il ajoutait cette responsabilité à celle de chef de la SS pour toute l'Allemagne. Le lendemain même, Himmler en profitait pour transférer la garde du camp de Dachau à la SS, en lieu et place de la cinquantaine de policiers munichois. Seuls deux officiers de police et seize gardiens-chefs étaient maintenus sur place afin de former les hommes. Dans le camp ne se trouvaient pour l'heure que 223 prisonniers. Progressivement, des détenus politiques, raciaux et sociaux y furent conduits. À eux incomba la tâche de construire de nouveaux bâtiments et de travailler à l'édification d'un véritable établissement pénitentiaire. Pour célébrer leur nouvelle affectation et la certitude d'avoir désormais un salaire régulier, les gardiens SS organisèrent ce soir-là une petite fête. Ils se saoulèrent et pour s'amuser réunirent des prisonniers juifs et les frappèrent. Ce fut la première violence commise dans le camp par des SS...

Bientôt, Himmler, avec le plein aval de Hitler, imagina une institution pour les incarcérations politiques. Il ne s'agissait pas d'agir dans l'amateurisme. Plusieurs établissements devaient être construits et organisés. Il faudrait des troupes entraînées pour mener à bien la tâche déterminante de réduire à néant les ennemis du Reich. Les soldats idéologiques qu'étaient les SS paraissaient particulièrement qualifiés pour cela. Une administration spécifique les encadrerait. Son maillon essentiel : les gardiens, sentinelles veillant sur l'intérieur du camp afin de préserver la société de ses ennemis. Car si les sociétés ouvertes ont des adversaires, les sociétés totalitaires ne vivent que par rapport à leurs opposants. Elles occupent donc une part importante de leur temps à les définir, les repérer, les saisir, les détenir, et finalement à les détruire. Rien d'étonnant, donc, à ce qu'un Carl Schmitt, qui prétendait dans les années 1930 rendre cohérent le cadre juridique national-socialiste, ait pensé que la division fondamentale de la politique, dans l'entre-deux-guerres, était l'opposition entre amis et ennemis.

Sans les gardiens de camps de concentration, rien n'eût été possible. Allons plus loin, sans gardiens de camp, pas de génocide. Leur obéissance, leur zèle ont été sans arrêt stimulés par une hiérarchie qui avait une conscience aiguë de leur importance. Ce livre leur est consacré. Il a pour objectif de réfléchir aux techniques de réassurance et de recharge psychique imaginées par les dirigeants pour que les hommes accomplissent le mieux possible aux yeux du régime la tâche qui leur était assignée. En l'écrivant, je suis conscient d'accomplir une double transgression. Je sais que, dès que nous parlons de la Seconde Guerre mondiale et de la Shoah, la question de la mort devient obsédante. Son ombre envahit tout ; les visages et les noms des victimes du génocide hantent nos mémoires. Nous avons en horreur ceux qui ont accompli les massacres, et cette horreur paralyse la pensée. Il fallait donc mettre provisoirement de côté la question des liquidations, des gazages et des corps martyrisés pour tourner le regard vers les bourreaux, les tueurs, les exécuteurs, ceux dont le témoignage avait été nécessaire à la justice, après 1945, pour comprendre le mystère des camps. Revenir sur eux était une première transgression dans le travail de mémoire, mais une nécessité pour l'écriture de l'histoire. Choisir ensuite de regarder ces femmes et ces hommes, les gardiens des camps, sous l'angle de la gestion du temps de travail, du plaisir et de l'économie des loisirs passera peut-être aux yeux de certains pour une provocation. Mais tel n'est pas notre but. À partir des documents originaux surgis récemment, il s'agit de jeter une lumière nouvelle sur des comportements et leurs motivations, sur des manières d'être caractéristiques de l'âge national-socialiste.

Le gardien. Ce mot s'écarte de la fonction pénitentiaire telle qu'elle a été exercée jusqu'alors. Aucune institution préexistante au XXe siècle n'avait tenu le même rôle ni occupé la même place sur le plan idéologique. La prison a représenté une optique de la punition et du redressement. La mise à l'écart avait un caractère provisoire. Avec le bagne, l'optique s'est durcie. Le bagne signifiait une mort lente – la guillotine sèche – dans un lieu éloigné, une réclusion dont le terme était incertain. Les rares rescapés de ces expériences en revenaient épuisés, brisés. L'enfermement s'est ainsi mué en une étrange pédagogie de l'invisible dont l'effet était l'intériorisation des normes et la régulation psychologique des conduites[2].

Pour les sociétés libérales, un équilibre subtil est instauré entre le prisonnier et la société. Pour le nazisme, les prisonniers sont secondaires. Ils sont le néant. Ce qui importe, ce sont les gardiens, ceux qui surveillent à l'intérieur des camps et hors de ceux-ci. Leur travail paraît simple : il consiste à garder et à éliminer les adversaires de la société et de la race allemandes. Ils ne sont pas isolés, bien au contraire : les gardes SS sont en relation étroite avec d'autres institutions non moins centrales de la politique du IIIe Reich. La police, d'abord, qui finit par être intégrée dans le même ministère et les mêmes organisations qu'eux, en particulier la police criminelle. Le parti nazi, bien sûr, qui leur adresse des moyens et les place au centre de sa doctrine. La SS, dont ils sont une des troupes d'élite. Mais d'autres corps les fréquentent à intervalles réguliers, tels les postiers, les cheminots, les pompiers et surtout les militaires, qui protègent de loin les installations. S'ajoutent à toutes ces administrations des partenaires économiques, car les entreprises profitent de l'exploitation de la main-d'œuvre regroupée dans les camps.

Il faut définitivement rompre avec une vision où les camps sont conçus comme des organes isolés de la société et les processus de répression du nazisme comme distincts de l'ingénierie sociale du IIIe Reich. La gestion des camps relève de l'expérimentation sociale et de la créativité politique[3]. Elle est pour les dirigeants nazis l'occasion de mettre en application leurs idées dans un périmètre bien délimité, où nul parasitage de leur pouvoir n'intervient. Ailleurs, ils doivent composer avec la force de travail, avec les autorités intermédiaires ralliées au régime mais qui en déforment les ambitions et les objectifs. Là, au contraire, nulle opposition ne se fait jour entre leurs envies et la mise en pratique de celles-ci. D'où leur extrême enthousiasme face au phénomène concentrationnaire, toujours perçu comme une ressource et jamais comme un poids.

Ici, la théorie totalitaire apporte un éclairage particulier[4]. Elle pousse les historiens à penser la liaison entre les différentes élites de l'Allemagne comme le produit de l'action envahissante de l'État et du parti. Les bureaucrates du national-socialisme exercent une pensée globale et ont, avant l'heure, passé leur temps à maximiser le rendement de leurs décisions au service de leur vision du monde. Tour à tour, les camps prennent ainsi le visage de lieux d'éloignement, de terrain de répression, d'espace d'urbanisation, de pôle de main-d'œuvre, de site de production industrielle, de centre d'extermination, d'unité de recyclage... Chaque mutation entraîne une modification du tissu gestionnaire de l'organisation. Prioritairement tenu par des militaires ou des hommes issus des forces de l'ordre, l'espace concentrationnaire finit par être le territoire des économistes et des spécialistes de la production. Ils exigent du personnel de surveillance, son adaptation à chaque étape, et lui proposent, en bons managers, des formations.

La formation fait partie des missions que doivent remplir les directeurs de camp – à charge pour eux de donner à leurs hommes des conférences sur la situation, les méthodes, la doctrine. Aussi encouragent-ils la mise en place d'unités de formation coordonnées au minimum par un sous-officier régulièrement convoqué au siège pour y recevoir des compléments d'information. Quand ils sont promus sous-officiers ou officiers, les gardiens partent suivre les cours des écoles mises en place par Himmler. La direction centrale de la SS porte en effet une attention constante à l'évolution de ses membres affectés aux camps.

Insérés dans une institution qui se veut l'élite de la société allemande, les gardiens ne sont pas le rebut de la force militaire, comme ont voulu le faire croire les dirigeants poursuivis au lendemain de la Seconde Guerre mondiale pour crimes contre l'humanité[5]. Ils se voyaient plutôt comme la caste imaginée par Platon pour gouverner la république idéale. Au Ve siècle avant notre ère, le penseur grec décrivait déjà une caste politique et militaire, séparée dès la naissance des autres citoyens et éduquée avec le plus grand soin précisément pour être des philosophes au pouvoir. Il les désignait sous le nom de « gardiens » et insistait sur l'exigeante formation de ces êtres supérieurs. Ils devaient être éduqués à la musique et aux arts, et leur esprit devait aussi être pragmatique, avec la puissance de raisonnement des philosophes. Platon insistait sur un point surprenant. La vérité devant régner sans partage au sein de la cité, il préconisait la proscription du mensonge, lequel ne pouvait être toléré que pour les gardiens, seuls capables d'en forger pour le bien de la collectivité. De quoi anticiper toutes les manifestations du pouvoir... Évidemment, il ne s'agit pas ici de faire de Platon un philosophe totalitaire, comme d'autres tel Karl Popper s'y sont déjà essayés[6]. Mais, en signalant une telle proximité, la forme d'imprégnation et de détournement de la culture classique qui a caractérisé le IIIe Reich devient claire : les grands auteurs étaient une forte ressource de légitimité pour les élites nazies.

Heinrich Himmler, dont le père avait été professeur de lettres classiques, puis directeur de lycée à Munich, connaissait les maîtres antiques[7], lesquels formaient un soubassement commun à la génération des SS qui avaient fréquenté le lycée. La philosophie trouvait en eux des auditeurs adéquats. Ils espéraient transformer le monde à partir de préceptes qui leur seraient propres. L'éloge de Nietzsche dont ils devinrent coutumiers pour mieux critiquer les philosophes des Lumières et les marxistes trouve des échos dans la vie même de l'organisation SS. Dans la cérémonie de mariage idéale suggérée par l'Inspection des camps de concentration, c'est un texte de Nietzsche, « Enfant et mariage », qui est proposé à la lecture – Nietzsche dont les œuvres sont présentes dans les bibliothèques de quelques camps de concentration.

Quel modèle anthropologique éclaire le mieux la figure du gardien ? L'image du bourreau s'est imposée ces dernières années, tendant même à définir une nouvelle manière d'écrire l'histoire du nazisme, par opposition aux travaux sur les victimes de la Shoah[8]. L'usage de ce mot en français a des allures restrictives. Il donne l'impression que tous les gardes ont été actifs dans l'extermination – ce qui n'est pas le cas. Les tueurs étaient un nombre restreint de volontaires parmi les 40 000 hommes environ qui travaillaient en 1944 dans les camps. Ils étaient quelques centaines à fusiller, gazer, éliminer. En revanche, les surveillants et surveillantes étaient conscients de leur rôle et de l'extermination qui se déroulait à proximité. Ils n'hésitaient pas non plus à torturer quand l'occasion s'en présentait. Ils contenaient les prisonniers, rarement envisagés comme des victimes, mais plutôt comme des dangers voire des coupables. Plus violente, l'image du boucher serait d'ailleurs tout aussi peu adaptée. Le mot allemand de *Täter* (acteur) est plus éclairant. Il insiste sur le fait que des femmes et des hommes ont agi pour créer le drame de l'extermination et du totalitarisme. Mais il s'applique à d'autres terrains que celui des camps et atténue la singularité de la situation des gardiens.

D'où une invitation à chercher parmi des modèles philosophiques une figure susceptible de traduire l'anthropologie du nazisme. Or, un des philosophes les plus importants du XXe siècle, en l'occurrence Martin Heidegger, s'est engagé derrière la bannière du IIIe Reich. Dans sa lettre sur l'humanisme de 1946, il évoque les hommes comme des « bergers de l'être ».

De fait, le berger est une figure centrale des sociétés nomades et pastorales auxquelles les dirigeants nazis se référaient. Himmler, par exemple, se plaisait à évoquer les tribus mongoles qui avaient conquis la Chine en s'unifiant derrière Gengis Khan. Elles reposaient sur l'élevage de chevaux et d'autres bétails sur de vastes espaces. Les cavaliers formaient une noblesse en soi. Les autres bergers de l'imaginaire SS étaient ceux des montagnes des Alpes, dont les tribus avaient été capables de défaire les Romains de Varus derrière Arminius le Chérusque au Ier siècle de l'ère chrétienne. Autant de figures révérées par le IIIe Reich et dont des biographies figuraient dans les bibliothèques des camps.

Le berger fait vivre toute une société pastorale. Sorti du groupe, il prend soin du cheptel pour la collectivité et s'en nourrit aussi. Or les prisonniers des camps étaient considérés comme des sous-hommes. Leur garde était comme celle des moutons facilitée par la présence de chiens. De fait, les chenils de l'administration SS étaient richement pourvus en bergers allemands dressés pour la surveillance. L'Inspection des camps de concentration, qui constituait l'administration centrale de tout le système concentrationnaire, avait même un chenil central où un officier maître-chien formait des hommes à la gestion des chenils de tous les camps. Les chiens accompagnaient les patrouilles dans l'enceinte et hors des barrières des établissements, et ils étaient de véritables outils de maintien de l'ordre : ils mordaient les détenus, les renversaient et leurs aboiements étaient autant d'avertissements effrayants. Le troupeau, le bétail considéré comme sous-humain, devait obéir et ne rien tenter. Le berger des sociétés traditionnelles est celui qui induit un rapport à la nature, mélange de spiritualité contemplative et d'action. Ainsi le philosophe heideggérien, ramené à une certaine forme de dénuement ascétique, navigue-t-il à la frontière de la pensée et de l'action. Il fait de l'être un absolu idéologique, en somme indifférent à tout contexte. Les SS se voyaient d'ailleurs comme une élite possédant sa propre spiritualité et exprimant la vision du monde de la collectivité. Au bord du monde social et du désert, ils dressaient la barrière entre les humains et ceux qui ne l'étaient pas.

L'observation du berger classique révèle aussi la crainte de l'ennui, la peur de basculer dans des relations contre nature. On retrouve autour des pâtres des prescriptions et des interdits proches de ceux qu'objectivait l'ordre noir : la nécessité de se marier, le refus de l'homosexualité. Toutes les sociétés ont imaginé précocement de distraire les bergers par des jeux et des loisirs, à l'exemple des fifres qui font leur réputation musicale. Ce sont eux aussi qui confectionnent des objets d'artisanat vendus après leur retour à la vie commune. Car le berger connaît des phases d'isolement, à l'écart avec son troupeau, qui correspondent à une nécessité de production, et des périodes où il retrouve ceux qu'il aime. Ses compétences sont donc spécifiques et ne ressemblent pas à celles du chasseur, si bien mises en évidence par Christian Ingrao[9].

Le détour par l'univers pastoral invite à penser les gardiens de camp dans la dimension symbolique et les exigences concrètes de leur existence, sans négliger le fait que le monde du travail se transforme continûment. Or, la fin du XIXe siècle avait vu l'émergence de disciplines comme la psychologie et la gestion, qui provoquent une intense activité intellectuelle chez les décideurs. Dans les années qui précèdent et qui suivent la Première Guerre mondiale, le taylorisme et le fordisme commencent à considérer scientifiquement les rapports entre le travail et les effets qu'il produit sur les individus. Le développement de théories sur les loisirs et la réduction du temps de travail avec l'introduction de jours chômés accroissent la réflexion sur la fonction des activités exercées en dehors des bureaux et des usines. L'armée elle-même s'en fait l'écho avec le système des permissions, qui revient en force au cœur même de la Grande Guerre. Le loisir devient le temps de régénération, celui grâce auquel un individu trouve les ressources pour effectuer sa tâche avec une meilleure acuité. Si bien que les gouvernements organisent des loisirs aux armées en pleine guerre. Ils favorisent la venue de troupes de théâtre et les séances de cinéma. Ils encouragent les activités musicales et les chorales près du front. On joue aussi beaucoup aux cartes dans les tranchées : du coup, en Allemagne, les règles du tarot ou du Skat s'en trouvent « nationalisées ». Les distractions pour les troupes sont devenues à ce moment un véritable service pourvu par l'armée, et dont le but est clairement de permettre aux soldats de tromper les longues phases d'attente et d'inaction en dehors des zones et des temps de combat. Le « confort » des tranchées et leur approvisionnement en ressources de détente ont été pris en compte par des états-majors soucieux de maintenir la cohésion et le moral des troupes, tout autant que la fidélité à la hiérarchie. Entreprises et administrations poursuivent dans les années 1920 et 1930 l'écriture d'un rapport avec leurs employés fondé sur un encadrement du travail et une organisation du temps libre.

Dans les années 1930, l'expression « ressources humaines » n'est pas encore un terme courant pour désigner la gestion du personnel. De fait, les directions du personnel sont embryonnaires et concernent surtout de grandes entreprises confrontées à des rotations fréquentes de la main-d'œuvre. Les patrons apprécient d'en confier la direction à d'anciens militaires qui ont l'expérience du commandement, la psychologie étant encore très marquée par une approche en termes de comportement et de motivation. Les publicitaires commencent à raisonner à partir de stimulus et de réponses, comme le suggérait le médecin et physiologiste russe Pavlov, et imaginent une portée des univers symboliques teintée de freudisme, comme en témoigne l'œuvre de Bernays (neveu de Freud, psychologue et publicitaire...)[10]. Les communistes envisagent tout un système de sanctions positives et de décorations individuelles et collectives qui culminent dans le stakhanovisme, du nom de Stakhanov, ce mineur censé avoir abattu 14 fois son quota en 5 heures 45, en 1927. L'Allemagne nazie voit la mise en place d'une réflexion sur le bien-être et les loisirs comme récompense qui repose sur une conception différente. Elle suppose que chacun accomplisse son devoir au sein d'un ordre hiérarchique et, dès lors, des récompenses seront allouées à tous sous la forme d'améliorations matérielles de la vie.

La SS participe de la modernisation de la gestion des organisations typique du monde industriel et du disciplinement des comportements. Dès sa création, Himmler, obsédé par la rationalisation des conduites, voulait en faire un ordre dans le double sens d'une hiérarchie orientée de compétences et de pouvoirs et d'un groupe partageant des solidarités d'égaux. Il avait en tête le modèle des ordres de chevalerie et revendiquait pour ses hommes un statut d'aristocratie. La constitution de la Waffen SS renforce ce penchant. Le SS est d'abord un combattant qui possède le sens de l'honneur, tel que le délimitent ses chefs. Il ne doit pas se battre en duel. Sa vertu supérieure ne dépend pas de lui, mais de l'évaluation de ses responsables. Sa devise résume sa foi : « Mon honneur est ma fidélité. » Les dirigeants sauront défendre son caractère honorable. Tant qu'il obéit, il est en conformité avec le serment qu'il a prêté à l'ordre et au Führer. Il n'est pas de tâche déshonorante si les chefs l'ont commandée.

Himmler ne s'en tient pas à ces conceptions théoriques. Son parcours de petit patron et d'exploitant agricole l'a rendu familier des pratiques entrepreneuriales. Il fréquente aussi les dirigeants d'entreprise qui se rapprochent du parti à la fin des années 1920. Comme responsable de fait de la propagande du NSDAP, à partir de 1926, il s'initie à la bureaucratie de parti et se convainc que les questions d'organisation sont essentielles pour pousser les hommes à l'action. Il découvre l'efficacité de la publicité et les techniques de mobilisation afin de remplir les salles où Hitler doit se produire[11]. À partir de 1927 il publie une brochure à parution régulière où il explique les techniques et les pratiques efficaces de propagande aux adhérents et surtout aux propagandistes[12]. Dans ses voyages préparatoires et lors des tournées de Hitler, il prend la mesure des conditions de vie des SA et négocie pour eux des assurances en cas de blessure. Il constate leur impatience et leur difficulté à supporter l'inaction, ainsi que leur sens de la surenchère. Il recrute parmi eux ses hommes pour la SS, dont il devient le Reichsführer adjoint en 1927. Entre bureaucratie et attention portée aux motivations de ses subordonnés, Himmler entrevoit des méthodes de gestion des ressources humaines riches de potentialités pour l'avenir. Il comprend que la doctrine et le fanatisme doivent être sous-tendus par une infrastructure matérielle efficace, et il établit dans les années 1930 et au début de la Seconde Guerre mondiale les règles et les conditions nécessaires pour que la collectivité SS mène à son terme tous les projets, y compris les plus brutaux et les plus radicaux, qui pourraient lui être proposés.

Du point de vue de l'histoire de l'ingénierie sociale et de la gestion des ressources humaines, le tournant constitué par le génocide des juifs et des tsiganes est donc exceptionnel. Il pose quantité de questions souvent abordées sous un angle psychologique. L'expérience de Milgram est une des plus célèbres. Elle mettait en scène un faux professeur invitant un cobaye à envoyer des décharges électriques de plus en plus fortes à une personne, selon qu'elle répondait bien ou mal à une question[13]. Stanley Milgram l'avait imaginée pour tester la docilité des individus face à une autorité outrepassant ses droits, à l'image du nazisme. La psychologie et la psychanalyse n'ont cessé d'y revenir. Ce livre ne se situe pas exactement sur ce terrain. Il a plutôt pour objectif d'observer l'histoire d'une institution et de donner des éléments pour comprendre le passage à l'acte de ses membres à partir d'une culture et d'une organisation matérielle. S'il montre une exception nazie, ce n'est pas celle d'un groupe de malades nécessitant une expertise psychiatrique dans la perspective des procès de Nuremberg[14]. En revanche, la spécificité réside dans le rapport particulier qui a été tracé entre la conduite de massacre et la rétribution des exécutants. La récompense et le statut d'élite des massacreurs sont le point nodal de la situation créée dans les camps nazis au regard des loisirs. Ils se différencient des camps soviétiques avec lesquels nous avons tenté de les comparer dans le chapitre VIII, avec l'aide et l'amicale complicité de Nicolas Werth.

Vue du nazisme, *La Question humaine*, pour reprendre l'expression du cinéaste Nicolas Klotz, a moins résidé dans le traitement des internés, la chair à massacre, que dans le soin apporté à la condition de garde, aux moyens de liquidation et aux possibilités de restauration. La vie des gardiennes et des gardiens devait être suffisamment agréable au quotidien pour qu'ils puissent mobiliser toute leur violence au sein de l'institution concentrationnaire. Il ne fallait pas qu'ils pâtissent de l'inactivité ou de l'oisiveté quand ils quittaient leur lieu de travail pour un temps de repos, aussi bref fût-il. En ce sens, le nazisme est le premier exemple de gestion des ressources inhumaines.

L'insigne des compagnies chargées de la surveillance des camps était la croix gammée surmontée d'une tête de mort. Ces *SS-Totenkopfverbände*, ces unités à tête de mort, ont existé avant la création de la Waffen SS, l'arme de guerre voulue par Himmler au sein de son ordre. Elles en ont été le noyau constitutif et l'élite. Höcker et les autres officiers qui y sont entrés étaient fiers d'y servir. Ils pensaient mener un combat déterminant pour l'Allemagne. Ils faisaient à l'arrière ce que leurs collègues faisaient sur le front : liquider des ennemis. Qu'importe que ces victimes aient été désarmées et affaiblies, qu'elles aient été des femmes, des vieillards ou des enfants. Seul le résultat importait, car il entraînerait les félicitations des chefs et accorderait à tous un surcroît de distinction. Leur zèle commandait l'avenir. En définitive, la figure des gardiens paraît typique du XXe siècle. Elle naît avec lui. Et prospère sur le terreau totalitaire. Au début du XXIe siècle, l'espoir serait qu'elle s'efface aussi avec lui.

I

Qui sont les gardiens ?

Gardien de camp de concentration. On imagine un homme grand, muni d'une cravache, sanglé dans son uniforme d'officier, scrutant une foule de détenus en vêtements rayés. À moins qu'il ne s'apprête à saisir un fusil ou un pistolet pour tuer un innocent. Derrière lui, un paysage de barbelés, de miradors, de baraquements. Le stéréotype doit beaucoup à la fiction cinématographique, qui l'a à plusieurs reprises utilisé. Notre imaginaire perçoit donc le gardien de camp dans la posture du tueur, au moment même où il s'apprête à commettre un crime. Si, vu de nos jours, il se définit avant tout par un ensemble de tâches, la figure du bourreau a permis aux générations précédentes de mettre à distance le crime de masse en faisant peser la réalité sur la pointe extrême d'un groupe d'exécuteurs. Le garde-tueur ne pouvait être qu'un fanatique obéissant aux ordres. Mais depuis quelques années cette image se fissure. L'histoire des camps et de leur personnel ne se résume pas à un face-à-face entre SS et juifs. La définition d'origine, celle qu'en donnait la SS en 1945, était avant tout institutionnelle : un garde était un individu affecté aux unités de protection et de surveillance des camps de concentration. En fait, de 1933 à 1945, le monde concentrationnaire nazi a connu plusieurs types de surveillants et de surveillantes dont la fonction a changé au fil du temps. Le garde se définissait par la contention de tous les « ennemis » du régime : opposants politiques, résistants, délinquants, juifs, tsiganes, homosexuels, noirs...

Qu'est-ce qu'un garde ? La question est simple, pourtant la réponse ne va pas de soi. Aucune étude systématique n'existe sur ce groupe qui, selon une statistique du mois de janvier 1945 de la SS, compte 3 508 surveillantes et 37 674 gardiens[1]. Pour s'en faire une idée précise, il faut replonger dans l'histoire du nazisme et voir à l'œuvre les différentes catégories qui se sont mises au service des camps pour surveiller les prisonniers, puis passer à l'extermination. Revenir sur la naissance et l'affirmation de l'institution qui les emploie, observer la motivation des gardiens au travail, s'interroger sur les différents statuts sociaux, les opinions et les personnalités de ceux et celles qui se sont portés candidats. Montrer en somme que pour les SS, être garde est un métier, qui réclame des compétences, comporte des attraits et même, on n'y pense pas, un temps de travail.

Au début était Hitler...

En accédant au pouvoir le 30 janvier 1933, Hitler n'a pas tout prévu. Il sait que l'appareil d'État n'est pas entièrement acquis à sa cause. Son pouvoir repose sur une coalition hétéroclite à laquelle se mêlent, outre les purs nazis, des catholiques du parti du centre et des membres du parti national. Pour modifier l'équilibre et créer un consensus autour de son projet d'une Allemagne nouvelle, le chancelier fraîchement désigné doit obtenir les pleins pouvoirs. Ainsi va-t-il détruire toute opposition par la force. Le 27 février, vers 21 heures, un événement considérable crée la situation qu'il lui faut : la chambre des députés, le Reichstag, est incendiée. Dès le lendemain, le gouvernement adopte un décret sur la sécurité nationale qui lui permet d'arrêter et de placer en détention tous ceux qui peuvent être une menace pour l'ordre.

Les camps de concentration et leurs gardes sont nés à ce moment-là, de la volonté de mettre hors d'état d'agir les partis de gauche et les leaders syndicalistes qui conservaient une audience encore puissante au sein du pays. Dans l'Allemagne de Hitler, les polices ont pullulé. Les SA (sections d'assaut), créées comme un groupe paramilitaire du parti nazi en 1920, recyclaient les anciens combattants en mal d'aventure. De service de sécurité lors des meetings, ceux-ci sont devenus spécialistes de la guérilla urbaine. Ce sont eux qui font le coup de poing contre les communistes et les socialistes dans les rues allemandes des années de crise, entre 1930 et l'accession au pouvoir. À partir de 1925 Adolf Hitler a constitué sa propre garde personnelle, les SS (service de sécurité). Au lendemain de l'incendie du Reichstag, les SA et les SS ainsi que les polices locales et nationales participent toutes à de vastes coups de filet. En quelques semaines, plusieurs dizaines de milliers de personnes sont arrêtées et placées sans jugement en prison ou dans de nouveaux sites aménagés pour l'occasion, des « camps de concentration ». Combien y en eut-il au total, 400, 500 ? Encore récemment, les archives ont attesté l'existence de camps jusque-là ignorés, car trop éphémères, de trop petite taille et donc confondus avec des dépendances d'établissements plus célèbres[2].

Pour surveiller ces « criminels » d'un genre inédit, diverses sortes d'hommes sont mobilisés. L'essentiel est qu'ils appartiennent à des organisations proches du pouvoir et que les maîtres du pays soient assurés qu'ils obéiront sans trop de scrupules. C'est ainsi que les gardiens des premiers camps de concentration sont recrutés sur leur capacité physique à maîtriser les récalcitrants et leur absence d'états d'âme dans l'exécution des ordres.

L'expérience n'est pas nouvelle. L'Allemagne a déjà connu pendant la Première Guerre mondiale la mise en place de lieux de détention aménagés dans des espaces de fortune, afin de garder des prisonniers civils ou militaires, tels que des châteaux sur les bords du Rhin ou, pour les femmes déportées du nord de la France, de simples barrières de barbelés dressées autour de baraquements dans le camp de Holzminden[3]. Des soldats aidés parfois de volontaires les surveillaient. Plus tard, en 1919, les hommes des corps francs, ces organisations paramilitaires financées par le gouvernement allemand pour lutter contre le communisme, ont effectué des arrestations et gardé dans leurs camps toutes les familles de la gauche révolutionnaire. Ils n'ont pas hésité à procéder à des exécutions sommaires, parfois en masse, notamment dans les pays baltes. Mais en 1933, c'est sur le territoire allemand et à l'encontre de ses citoyens que la nouvelle organisation est conçue. Il faut bloquer les adversaires politiques et raciaux, en particulier les juifs, dont l'idéologie nazie ne cesse de faire un ennemi existentiel[4].

Plusieurs centaines de camps de dimensions inégales sont ouverts. Certains rassemblent plusieurs milliers de détenus, tandis que d'autres en internent à peine une centaine. Au total, en quelques mois, ils regroupent environ 150 à 200 000 hommes et femmes, alors que les prisons traditionnelles sont déjà encombrées de près de 100 000 détenus. Rares sont cependant les établissements qui survivent à la fièvre d'enfermement qui saisit le Reich en ce printemps 1933. La plupart sont fermés après quelques semaines, dès la fin du mois de juin. Finalement, en décembre 1933, le gouvernement accorde une grâce qui vide pratiquement tous les petits camps.

Difficile à ce moment d'évaluer le nombre de gardiens. Sans doute quelques milliers d'hommes se sont-ils ajoutés aux policiers mobilisés pour l'occasion. Déjà, en effet, une distinction nette est établie. D'une part se maintient la filière judiciaire classique où l'on retrouve la police, les magistrats et l'administration pénitentiaire. Ici, le droit commun domine et les prisonniers politiques, certes nombreux, sont très minoritaires. Mais, d'autre part, émergent hors de tout contrôle judiciaire et sur la seule base du décret du 28 février des lieux de détention dépendant directement des grands organismes politiques nazis que sont la SA et la SS.

Quand les gardiens étaient d'abord des SA

On oublie souvent que la SA, dirigée par Ernst Röhm jusqu'en 1934, et forte de 400 000 adhérents, gère ses propres établissements. Ses camps de concentration sont aussi grands, voire plus redoutés, que ceux encadrés par les SS. Après l'arrivée de Hitler au pouvoir,

Röhm a obtenu que les membres actifs de la SA soient reconnus comme une force de police auxiliaire. À Berlin, par exemple, 3 000 SA sont inscrits sur les rôles de la police. Dans cette région, les hommes aux chemises brunes ont notamment aménagé un camp voué à une relative longévité, Oranienburg[5]. Dans cette petite villégiature où les Berlinois viennent volontiers se promener, le camp est installé dans une ancienne brasserie, au centre. C'est une caractéristique fréquente des petits camps que de s'être constitués et d'avoir fonctionné au vu et au su de tous, et ce jusqu'en 1945. Ici, le choix des SA s'explique par une raison pratique. En février 1933, en effet, le bataillon 208 de l'organisation avait saisi le terrain de l'usine désaffectée pour y loger ses hommes en mal d'hébergement. Quand ils effectuent les premières arrestations de militants communistes, les SA conduisent donc leurs prisonniers à cet emplacement qui correspond à une sorte de caserne. Ils n'auront pas de difficulté à les surveiller. Oranienburg est notamment commode car situé à une demi-heure de train de Berlin. Les SA savent qu'ainsi ils vont récupérer une bonne partie des célébrités de l'opposition au régime. Ils en retirent un sentiment de puissance et sont d'autant moins accommodants avec leurs prisonniers, dans la ligne des agressions de rues dont ils se sont rendus coutumiers durant la lutte pour l'accession au pouvoir. Après une courte phase où les SA s'occupent seuls de chercher l'argent et les moyens de faire fonctionner l'établissement, ils obtiennent en mai 1933 le classement d'Oranienburg comme centre de rétention d'État et peuvent ainsi émarger au budget. Si bien que le nombre de détenus augmente rapidement. Certains restent quelques semaines, d'autres plus d'un an, sans aucun jugement. Ils seront environ 3 000 à être enfermés dans des conditions précaires : au départ, le camp n'a ni toilettes, ni douches, ni cuisine. Il faudra plusieurs semaines pour établir un fonctionnement « normal ».

Chez les SA comme chez les SS, tous les prisonniers dépendent du bon vouloir des gardes et des officiers, au sommet desquels règne le commandant du camp. À Oranienburg, il s'agit de Werner Schärfer. Schärfer est de ces hommes sans qualités particulières qui se découvrent une vocation pour l'administration pénitentiaire version nazie, un goût pour la violence en temps de paix. Une belle carrière s'ouvre à lui. Indice de sa brutalité, en quelques mois, 16 prisonniers sont abattus par les SA, une statistique proche de celle des camps gérés parallèlement par les SS.

Des SA vont même plus loin. En Saxe, le 8 mars 1933, au lendemain de la victoire électorale qui renforce les nazis au pouvoir, une compagnie de SA de Dresde, après avoir dévasté les locaux de groupes de gauche, est envoyée pour investir une ancienne colonie de vacances « rouge » installée dans le château de Hohnstein. Ils sont une trentaine à prendre possession de l'espace où rapidement sont enfermés des opposants. Fin mars, les prisonniers sont environ 400, puis 2 500 en novembre et 5 600 en août 1934. Les effectifs SA sont renforcés en conséquence et s'élèvent à une centaine d'hommes armés, soit environ 2 % du nombre des détenus, pourcentage standard dans les camps de concentration. Les prisonniers sont majoritairement communistes, mais s'y ajoutent des juifs et des témoins de Jéhovah. On compte même des femmes et des enfants. La brutalité des gardiens est telle qu'environ 140 prisonniers meurent des suites de tortures en quelques mois. L'un des gardes, Karl Staak, se fait appeler « le Coiffeur ». En guise de brimade, il contraint les prisonniers à nouer les cheveux après la coupe, par petits paquets de 10, 20 ou 50. Si le travail n'avance pas assez vite, il frappe. Les crânes, d'ailleurs, supportent des coupes au motif de la croix gammée, pour mieux humilier les adversaires du nazisme. Bientôt, les détenus, qui portent encore leurs propres vêtements, présentent des taches de sang apparentes. « Le Coiffeur » a aussi inventé une machine qui lâche toutes les dix secondes une goutte d'une solution d'eau salée sur la tête ou sur les plaies des victimes, avant de les enfermer, sans soin, dans une cave obscure. Les mauvais traitements sont tels que, chaque jour, une quinzaine de détenus sont envoyés à l'infirmerie improvisée du camp. Mais certains blessés sont si gravement atteints qu'il faut les adresser à l'hôpital de Pirna, une ville proche. Or, pendant le transport, plusieurs personnes décèdent. Le médecin-chef, le Dr Renner, finit par s'émouvoir et par refuser l'admission des malades provenant de Hohnstein, car, proteste-t-il, « mon hôpital n'est pas une morgue[6] ». Pour l'heure, cependant, nul scandale n'éclate. Cent quarante personnes subissent donc les jeux criminels des SA, et meurent des suites de tortures, parfois après leur libération. La radio de Prague dénonce ces pratiques, car les rumeurs ont traversé la proche frontière de la Tchécoslovaquie.

Les SS sur le devant de la scène

Le 30 juin 1934, la nuit des longs couteaux change la donne. Hitler a décidé de décapiter la SA, dont il soupçonne son chef, Ernst Röhm, de vouloir conduire un coup d'État. Il ordonne donc l'exécution des traîtres supposés : dans la nuit, 200 SA et adversaires du régime sont tués par les SS. Cet événement rejaillit sur la situation du camp de Hohnstein. Les SS de Saxe sont chargés de prendre possession du lieu. Ils obtiennent la direction du camp sans coup férir et entreprennent bientôt de le fermer. Le château retrouve une fonction de lieu d'accueil pour des jeunes, les enfants de la Hitlerjugend, l'organisation de jeunesse nazie. Jännischen, l'ancien commandant SA de Hohnstein, qui espère rester en fonction pour gérer cette nouvelle activité, doit y renoncer, car la justice est saisie de plusieurs plaintes d'anciens détenus à son encontre. Lui et vingt-trois de ses hommes sont arrêtés et placés en détention, accusés de violence dans l'exercice de leur fonction. Malgré l'intervention du Gauleiter, le « gouverneur » régional, ils sont condamnés à six ans de prison. Hitler, en tant que chef d'État, leur accorde néanmoins sa grâce et éteint le scandale provisoirement[7]. C'est sa manière de protéger d'anciens compagnons SA qui lui étaient demeurés fidèles.

La nuit des longs couteaux a donc modifié les logiques de la politique concentrationnaire. Hitler n'entend plus confier les tâches les plus importantes à la SA, et notamment la surveillance des adversaires déterminés du régime ou le développement de la politique raciale. Il attribue donc à Heinrich Himmler la responsabilité des principaux camps et lui confie le soin de réorganiser le système concentrationnaire. Or Himmler – on s'en souvient – a déjà acquis une expérience dans ce type de gestion[8] en qualité de chef de la police politique supplétive de Bavière. Le 2 avril 1933, en effet, il a décidé de transférer le camp de Dachau près de Munich à la SS. Dachau, ouvert un mois plus tôt, était alors placé sous la responsabilité d'un groupe de cinquante hommes de la police politique de Bavière. Seize d'entre eux restent en poste afin de former les SS qui arrivent, dès le 11 avril, et constituent bientôt le seul effectif admis pour la garde du camp. Pour célébrer leur prise de possession du lieu, les SS improvisent une fête et, après s'être copieusement saoulés, ils s'en prennent aux prisonniers, en particulier aux juifs. Cette nuit du 12 avril, les cris se mêlent aux rires. Le bilan de fin de mois[9] fait état de quatre prisonniers juifs tués. Menacé de poursuites pour meurtre par le procureur de Munich, le premier commandant du camp de Dachau, Hilmar Wäckerle, est éloigné. Le 26 juin 1933, il est remplacé par un fidèle de Himmler : Theodore Eicke. C'est l'homme qui introduit les principes de gestion des ressources humaines dans l'univers des gardes.

Fils d'un chef de gare, Eicke est entré à 18 ans dans l'armée, où il est resté jusqu'en 1919 avant de devenir policier. En 1922, il a été arrêté pour activités subversives contre la république. À sa libération en 1923, il a été vendeur pour l'entreprise de produits chimiques IG Farben. En décembre 1928, il a adhéré à la SA et en 1930 est passé à la SS. Là, il a effectué des attentats à la bombe qui lui ont valu un nouveau séjour en prison. L'homme est peu commode et des démêlés avec son Gauleiter lui ont même valu un court séjour en hôpital psychiatrique.

L'ambition de Eicke et de son protecteur est de faire de Dachau une sorte de modèle dans le traitement des opposants au régime. Il conçoit donc un plan de développement et une organisation rigoureuse de la journée des détenus.

Très vite, il s'intéresse au travail des gardiens. Premier constat, les agents font un usage anarchique de la brutalité. Pour canaliser ce phénomène et imposer une discipline sévère tant aux SS qu'aux prisonniers, Eicke imagine un règlement qui prévoit des punitions contre les détenus, nombreuses et proportionnées au risque qu'ils font courir à l'institution concentrationnaire. Le code de conduite inclut des peines d'enfermement, des coups et va jusqu'à la peine de mort[10]. Eicke se substitue ainsi à la justice civile et militaire. Il avalise l'exception concentrationnaire, qui ne repose sur aucun fondement juridique sinon les pleins pouvoirs obtenus par Hitler. La meilleure garantie de l'autonomie reste cependant la confidentialité. Aux gardes, il explique l'obligation d'observer le silence complet sur ce qui se passe dans l'enceinte du camp. Car il faut échapper aux plaintes et aux procédures ouvertes par les procureurs, à un moment où le régime est encore d'instauration récente et n'a pas imposé pleinement ses lois à la société civile. Il faut donc éviter les évasions : chaque garde doit abattre quiconque en tenterait une. Dans ce sens, les prisonniers sont vraiment soumis à la discrétion des surveillants.

Les gardiens ne rendent compte de leurs actes qu'à la Kommandantur. De fait, le poste de commandement du directeur et les services administratifs sont installés dans un bâtiment distinct des postes de surveillance et des baraquements des détenus. La discipline passe ainsi par une clarification des espaces et des rôles. Le gardien est celui qui impose la terreur et fait régner grâce au règlement un climat d'intimidation. De cette façon, les SS peuvent mettre au travail des équipes nombreuses et contraindre à des tâches épuisantes tout l'effectif. Eicke a inventé une méthode de gouvernance qui combine exercice de la violence et délégation de pouvoir. Les SS s'appuient sur une fraction de détenus pour conduire les activités et se placent en instance de contrôle et de surveillance appliquant le code disciplinaire. Eicke impose ainsi des activités laborieuses extrêmes, parfois insensées, et dont le déroulement voit certains hommes laisser libre cours à leur sadisme, quand un détenu manque à ses obligations.

L'ORDRE SS

Ainsi s'amorce une uniformisation de la fonction de garde de camp de concentration au sein de la SS. Une classification des tâches voit le jour qui sert à l'organisation du temps de travail et de modèle pour les autres camps. Sa généralisation permet en effet à l'administration centrale de savoir à quelle fonction correspond tel interlocuteur local.

Vient d'abord la Kommandantur. Elle rassemble les haut gradés et les services attachés à la direction du camp et à celle du personnel. Elle donne les ordres et impose ses décisions hiérarchiques jusqu'au grade d'adjudant-chef (*Scharführer*). Elle peut donc faire ou défaire des carrières de sous-officiers. Sa tâche principale est d'appliquer les consignes de l'Inspection des camps de concentration (IKL). Les commandants des camps sont donc comptables de la politique de répression puis d'extermination qui leur est confiée par leurs supérieurs berlinois. D'abord très masculin, le personnel de Kommandantur est pendant la guerre renforcé par des auxiliaires féminines de la SS qui remplissent toutes sortes de fonctions administratives.

Le département politique est le deuxième rouage. Il inscrit les détenus à leur arrivée dans l'enceinte et effectue des interrogatoires et des enquêtes (évasions, crimes, recherche des réseaux de résistance...). Il peut assez simplement décider de la mort ou de la libération d'un détenu. Il travaille en étroite collaboration avec la Gestapo locale qui, parfois, essaie d'autonomiser ce service par rapport au commandant du camp. Pendant la guerre notamment, l'activité des départements politiques va jusqu'à procéder à des liquidations de masse indépendamment de toute inscription dans la politique d'extermination gérée par le camp.

Les gardiens proprement dits appartiennent au 3e département, celui de l'autorité pour la sécurité de détention (*Schutzhaftlager*). Ils sont dirigés par un officier supérieur qui sert le plus souvent d'adjoint au directeur du camp. Ce personnage met en œuvre la politique de contention et de liquidation. Il est à la tête du groupe de gardes qui agit dans l'enceinte du camp. La mission de ses hommes est de maintenir l'ordre, la discipline et la propreté. Le contingent affecté à la détention désigne les responsables des Blocks, les baraquements de détenus, et les prisonniers chargés d'activités spécifiques. Ils sont notamment comptables du nombre de personnes confiées à leur « surveillance ». Les gardes supervisent les longs appels, lors desquels chaque prisonnier, femme ou homme, répond en personne. Les appels ont lieu le matin avant le départ vers les travaux forcés et, le soir, avant que soient enfermés tous les détenus. À mesure que les conditions sanitaires se détériorent, les SS s'éloignent de plus en plus des prisonniers. Ils nomment toujours plus d'intermédiaires et se contentent de provoquer une compétition entre détenus et responsables des détenus afin d'entretenir la terreur. Pendant les années de guerre, alors que les effectifs s'accroissent brusquement, ils ont le plus grand mal à maintenir une allure sereine dans les camps. Ils assistent à la mise en place d'un chaos qu'ils favorisent par leurs accès de brutalité. À certaines heures, notamment au retour des Kommandos de travail, l'espace concentrationnaire échappe en partie à leur contrôle. Les détenus se livrent alors à de petits trafics et se déplacent dans le camp quand, en principe, ils devraient être cantonnés dans leur baraquement.

Malgré toutes les précautions, les gardes n'échappent pas aux épidémies de diphtérie et de fièvre, qui sont favorisées par des installations sanitaires déplorables et la concentration folle de personnes dans un état de fragilité extrême. Les responsables de l'administration centrale élaborent progressivement une politique de santé pour leurs employés. Ils procèdent à des campagnes de vaccination du personnel, préconisent les gestes qui évitent la contagion, construisent des dispensaires dans le périmètre des établissements pour les agents des camps. Enfin, ils instituent des visites médicales obligatoires régulières. Quand ils tombent malades, les gardes sont envoyés, aux frais de l'administration, dans les maisons de repos de la SS, souvent situées dans des villes d'eaux. Ils reprennent ensuite leur service.

Le département n° 4 gère les questions matérielles : fournitures, matériel de construction, nourriture. Toute l'intendance passe par ce service qui rend compte au commandant du camp. Les responsables des cuisines remplissent des fonctions d'économes et font venir les denrées alimentaires pour les prisonniers et les gardes. Ils seront souvent accusés après 1945 d'avoir délibérément réduit les portions des prisonniers pour en faire profiter leurs proches. Plusieurs seront jugés en raison de la qualité déplorable de la nourriture distribuée aux détenus.

Le cinquième département est celui de la médecine. Car aussi étrange que cela puisse paraître, très vite, les camps ont été équipés d'infirmeries ou de dispensaires portant le nom de *Revier*. Il existe une double structure hospitalière, pour les détenus d'une part, et, de l'autre, pour les gardiens et hommes de troupe qui participent à la surveillance. Les médecins luttent pour obtenir une reconnaissance et une autonomie en matière de décision sanitaire. Mais pas pour le bien des détenus. Malgré son serment d'Hippocrate, Heinrich Schmitz, le médecin-chef du camp de Flossenbürg, effectue des opérations chirurgicales inutiles, « pour se faire la main »[11]. De tels praticiens veulent s'imposer face à leurs collègues des autres services. Ils adhèrent à la politique d'élimination des adversaires du régime et à la liquidation des juifs, et acceptent pleinement les mauvais traitements et la sous-alimentation des prisonniers, qui est patente dès les premières années du système concentrationnaire. Mieux, ils donnent des prétextes et des méthodes pour tuer les déportés. Pendant la guerre, à Auschwitz, le médecin-chef hospitalier Eduard Wirths a convaincu l'administration centrale de Berlin que les médecins devaient superviser sur la rampe les sélections pour la chambre à gaz. Les départements médicaux des camps et leur direction centrale remplissent aussi des fonctions de recherche dont la compétence échappe à la Kommandantur. Ils font circuler leurs résultats, les confrontent avec ceux des universitaires et organisent des colloques où se mêlent les réflexions sur l'eugénisme, l'euthanasie, et les expériences sur les femmes et les hommes prisonniers.

Vient enfin le 6e département. Il est généralement oublié par les historiens qui se sont intéressés aux camps car son rôle a longtemps semblé purement instrumental. Il inclut la gestion des bâtiments et les activités de loisirs. Il n'apparaît pas immédiatement dans la nomenclature des camps de concentration. C'est avec la guerre que sa place et son rôle s'affirment. Car l'« Abteilung VI » est le pourvoyeur de tous les moyens mis à la disposition des troupes pour les distraire et les entretenir dans un état d'esprit favorable à la conduite des opérations militaires, l'équivalent du théâtre ou du cinéma aux armées de la Première Guerre mondiale. Il distribue donc des ressources empruntées à des ministères comme celui de la Propagande et de l'Éducation populaire, dirigé par Josef Goebbels. De 1940 à 1945, la SS fera de cet instrument un outil primordial de sa politique de ressources humaines, à un moment où le déchaînement de violence dans les camps atteint son apogée.

Mais le personnel des camps ne s'arrête cependant pas là. Car, dès juin 1933, Eicke a imaginé que Dachau soit surveillé de l'extérieur afin d'éviter les évasions et les intrusions de curieux. Il a mis en place des patrouilles autour de l'enceinte et défini des périmètres de sécurité qui font l'objet d'une vigilance inégale selon les périodes. Quand une évasion s'est produite, tout l'espace alentour, parfois sur une dizaine de kilomètres, est quadrillé et des miradors, vides en phase routinière, sont utilisés pour repérer les fuyards. Les garnisons qui s'occupent de l'environnement du camp n'ont pas accès à l'intérieur, mais leurs officiers se rendent aux réunions organisées par la Kommandantur et coordonnent leur travail avec celui du commandant adjoint responsable de la détention, le *Schutzhaftlagerführer*. Au moment de la guerre, des unités de la Luftwaffe, voire de la Wehrmacht, sont requises pour sécuriser les abords des camps. Leurs officiers sont même invités aux fêtes organisées par leurs collègues SS.

Un garde n'est donc pas seulement un surveillant qui ferait sa ronde dans un univers de couloirs et de béton, comme le suppose le traditionnel modèle des prisons panoptiques du philosophe anglais Jeremy Bentham[12], organisé à partir d'un point central de surveillance d'où rayonnent les cellules des détenus. Le garde n'est pas non plus une simple adaptation totalitaire du gardien de prison. Il est à la fois un surveillant, un gestionnaire de ressources humaines, à travers la force de travail des prisonniers, et une sorte d'entrepreneur politique. Car chaque responsable de Block applique une politique de liquidation ou de valorisation de la force de travail qui lui est confiée. À tout cela s'ajoute enfin un trait essentiel, trop souvent négligé : les gardes SS sont une élite sur laquelle repose l'émergence de la nouvelle Allemagne. Leur existence doit donc être soignée : aussi fait-elle l'objet d'une gestion méticuleuse.

L'extension des gardes suit l'expansion des camps

L'entrée dans ce corps à géométrie variable a connu une évolution notable après 1934. L'affaire Röhm et l'élimination de la SA ont favorisé l'emprise des SS sur les camps, au même titre que la nomination de Himmler comme responsable de la police politique de Prusse. Eicke, qui a participé à la nuit des longs couteaux, y gagne une promotion en tant qu'inspecteur des camps de concentration. Il peut ainsi imposer son modèle hors de la Bavière.

À partir de 1934, la première génération de camps de concentration est progressivement fermée, à l'exception de Dachau. Au printemps 1935, Hitler décide que désormais seuls les SS auront la tutelle de ces camps. Himmler prend l'initiative de transformer les unités de gardiens en régiments militaires. Dans les grands camps ouverts à partir de 1936, les garnisons bénéficient de nouveaux bâtiments construits à proximité. Ces hommes forment l'embryon de la future Waffen SS. Pour cette raison, le 29 mars 1936, les trois régiments ainsi constitués adoptent un nom qui doit semer la terreur : régiment SS à tête de mort (*Totenkopfverband*). Le motif de la tête de mort est fixé sur leurs emblèmes et sur leurs uniformes. Il correspond à une vieille tradition militaire prussienne. À partir de cette date, il faut donc voir les unités de gardes des camps comme une élite au sein de l'élite militaire et raciale.

Les prisonniers maintenus dans les camps en 1935 et 1936 sont peu nombreux. Eicke en profite pour rationaliser l'organisation et regrouper les lieux de détention. Le régime, plus sûr de son assise, prépare les jeux Olympiques de Berlin de l'été 1936. Il souhaite donner au monde l'image d'une dictature consensuelle. La traque raciale et sociale est provisoirement suspendue. Mais Hitler et Himmler n'ont pas renoncé à leur projet de nettoyage de tous les éléments qu'ils considèrent comme subversifs ou dégénérés.

En fait, la réorganisation des unités de gardes et des structures concentrationnaires s'inscrit dans une stratégie plus générale d'emprise de la SS sur la société allemande. Ainsi, ses effectifs globaux sont légèrement augmentés : ils atteignent 210 000 hommes au début de l'année 1936. Profitant du discrédit de la SA et d'un parti nazi désormais omniprésent, Himmler a de fait obtenu de Hitler la direction de toute la police politique du Reich. Outre la Gestapo, il est responsable du service de renseignement pour la sécurité, le *Sicherheitsdienst* (SD). La police criminelle (Kripo) est elle aussi sous son emprise. Il a réussi à intégrer des institutions qui lui permettent de contrôler les enquêtes, les arrestations, la détention, et tout cela sans jugement. À partir du printemps 1936, il décide de lancer une nouvelle génération de camps de concentration destinés à contenir des populations plus disparates que les opposants de gauche : victimes raciales bien sûr, avec les juifs ; mais aussi criminels et marginaux dont il veut purger le pays, simples musiciens ou membres de la pègre et petits délinquants récidivistes.

Signe que l'on se trouve bien face à une politique délibérée de ségrégation sociale et raciale, la planification d'ouverture des camps est antérieure aux arrestations les plus massives. En d'autres termes, la capacité d'accueil précède les arrestations. Désormais, en effet, ce sont de grands camps qui sont organisés, comme Eicke l'avait voulu pour Dachau.

Le premier du genre est Sachsenhausen, situé au nord de Berlin dans un vaste espace encore largement boisé. Sans se préoccuper de l'administration des forêts, les SS coupent les arbres et en font la matière première pour la fabrication de baraquements. La conception du camp a été confiée à un véritable architecte, Bernhard Kuiper. Initialement, le projet prévoit 3 000 détenus, mais sa capacité passera rapidement à 6 000. Kuiper imagine une répartition des Blocks à partir d'une entrée d'où l'on peut embrasser les allées d'un seul coup d'œil. Pour les SS, Sachsenhausen doit être le camp le plus moderne et le plus beau jamais construit. Le panoptique est le dispositif apparent. Mais l'enceinte de confinement appartiendra à un ensemble plus vaste et plus complexe. À côté du camp, en effet, un lotissement SS logera le personnel et des bâtiments administratifs rassembleront, outre la Kommandantur, l'inspection des camps et une partie de l'administration centrale concentrationnaire. S'y ajoutera la garnison de SS à tête de mort, environ 600 hommes.

Après un intérim confié au chef d'unité de la garnison, Sachsenhausen a été affecté pour son édification et sa première phase de fonctionnement à Karl Otto Koch. Ce dernier a déjà dirigé plusieurs camps de la région berlinoise, notamment celui dit de Colombia, situé à Tempelhof. Koch et ses supérieurs ont des idées simples : ils transfèrent à Sachsenhausen des prisonniers des autres camps. À charge pour eux de construire leur nouveau lieu de détention, infrastructures comprises, les bâtiments des gardes, les miradors et même les clôtures grillagées. Peu importe s'ils meurent à la tâche. À ce stade, les gardes surveillent de près les détenus et l'avancée des travaux. Ils sont une centaine à dépendre du *Schutzhaftlagerführer*. Conscient de leur rôle de dominants, ils exigent des prisonniers de fabriquer de menus objets de la vie quotidienne, des chaises, des bancs... Ils n'hésitent pas à blesser ou tuer les réfractaires. Durant cette première année, 37 personnes sont victimes de leurs mauvais traitements. Déjà, Koch et son entourage comprennent tout le parti qu'ils peuvent tirer de leur position pour améliorer leur fortune personnelle, sans sentiment de culpabilité aucun.

Dans les deux années qui suivent, le système concentrationnaire se développe dans toute l'Allemagne[13]. À l'été 1937, Koch est nommé à la construction d'un nouveau camp près de Weimar : Buchenwald. Au même moment, Himmler ordonne l'extension du camp de Dachau, qui accueille désormais un site de production et des usines, outre les casernes et un nouvel espace de détention. En mai 1938 est mis en place le camp de Flossenbürg, et en août de la même année Mauthausen. En novembre est décidée l'ouverture d'un camp centralisant les femmes déportées, Ravensbrück. Enfin, près de Hambourg, est installé le camp de Neuengamme. Initialement destiné à servir d'annexe à Sachsenhausen, il détient finalement un monopole : c'est là que sont conduits les *Swinger*, les adolescents qui aiment la fête et le jazz, interdit par le régime comme « musique de nègres ». Voilà les gardiens confrontés à une nouvelle catégorie de détenus à peine plus jeunes qu'eux.

II

Le modèle SS de gardien et ses avatars

Avec Sachsenhausen débutent l'époque des grandes unités spatiales et une forme d'industrialisation du régime concentrationnaire, à la fois parce que les prisonniers travaillent à la production de biens matériels et du fait de l'ampleur des effectifs désormais en détention.

En résulte un changement d'existence pour les gardiens dont le prototype n'est plus le même. Comme tous les SS, les surveillants des camps doivent mesurer plus de 1,70 m et être âgés de 18 ans au moins. Les officiers, pour leur part, ont au moins 23 ans et leur taille dépasse 1,74 m. L'objectif est que les SS imposent une domination personnelle sur les prisonniers. Plus grands et plus forts que la population des détenus, grâce à une alimentation plus saine, ils ne doivent pas redouter un face-à-face, au contraire. Leur force justifie leur statut de dominants et explique rétrospectivement l'incarcération de catégories dégénérées que leur idéologie juge d'emblée comme impuissantes.

Les SS passent tous par des rites initiatiques de combat et un serment de fidélité qui les font entrer dans une forme d'aristocratie durant toute leur existence. Mais le personnel des camps a ajouté ses propres rites de passage. Les nouveaux venus dans l'administration ont généralement participé à des séances de répression violente et d'humiliation de prisonniers. Collectivement d'abord : les premières unités constituées de sentinelles à tête de mort ont « nettoyé » le camp de Dachau afin de permettre sa rénovation et son agrandissement.

Dachau est d'ailleurs devenu un des centres de formation des SS. Ce sont d'abord des officiers qui y ont été admis, puis, après 1937, une école de sous-officiers des SS y est installée. La formation qui y est délivrée poursuit deux objectifs distincts. Il s'agit d'abord de dispenser une instruction idéologique : les cours présentent la géopolitique du Reich, sa politique raciale ; ils expliquent aussi comment fonctionnent les camps de concentration et quelle est leur importance dans l'édification de la nouvelle Allemagne. Le but est que les chefs puissent se repérer dans l'organisation en place et que chacun connaisse son rôle. Vient ensuite une instruction plus strictement militaire, notamment en ce qui concerne la stratégie, le maniement des hommes et des armes. Les SS de la troupe reçoivent une instruction militaire équivalente dans des compagnies de formation régulièrement actives après 1938. Ils restent environ neuf mois dans ces organes avant de rejoindre une affectation dans un des grands centres de déportation. Himmler souhaite que les garnisons des camps soient de véritables réserves pour l'armée SS. Hitler lui accorde d'ailleurs en 1939 l'incorporation des régiments à tête de mort dans une division de la toute nouvelle Waffen SS, dont le rôle est d'effectuer des opérations de police à l'arrière du front et, le cas échéant, de passer en première ligne. Le maniement des armes fait donc partie intégrante du service et les entraînements sont fréquents. La conduite des gardes est structurée par la culture militaire.

Cette culture guerrière a d'ailleurs facilité l'intégration de volontaires au sein des troupes SS dans les pays conquis. Les gardes de camps de concentration ont ainsi été recrutés parmi des Ukrainiens et des Lettons qui avaient eu précédemment des expériences au combat. Les Ukrainiens en particulier sont pleinement ancrés dans l'administration de camps aussi importants que Sobibor, Majdanek ou plus tard Flossenbürg. C'est parmi ces hommes que se trouvait John Demjanjuk, l'un des derniers survivants parmi les gardiens de camp, qui après avoir été jugé et libéré par la justice israélienne fait depuis 2009 l'objet de poursuites par les tribunaux allemands. L'Inspection des camps se souciait initialement de leur spécificité ethnique, mais elle a fini par les considérer comme n'importe quels hommes de troupe, en se fiant à la formation pénitentiaire et politique qu'elle leur avait dispensée.

Les gardiennes de la SS

La dimension martiale et l'idéologie de la SS imprègnent aussi le personnel féminin recruté à partir de mars 1938 pour assurer la surveillance des prisonnières. À l'époque, il s'agissait de fournir des gardiennes pour le camp de Lichtenburg. Après la dissolution de ce centre de détention et la centralisation des femmes à Ravensbrück, une nouvelle vague de recrutement est lancée en 1939. La militarisation des gardiennes est sensible. Elles portent l'uniforme, composé d'une veste, d'une jupe, d'une chemisette et d'un calot. Pendant l'hiver, elles endossent une cape noire. Nombre d'entre elles ont appris la vie collective lors de leur passage obligatoire après 1936 dans les organisations de jeunesse nazies comme le Bund Deutscher Mädel (BDM). Pourtant, il faut le souligner, seule une minorité d'entre elles a demandé son adhésion au parti nazi avant comme après leur entrée en fonction.

Les gardiennes sont formées au sein du camp de Ravensbrück, où une école a été créée à leur intention en 1940. Initialement, elles répondent au profil recherché : des femmes jeunes qui se sont portées volontaires. Mais, durant la guerre, le recrutement change. Des surveillantes plus âgées sont affectées à ces postes, soit parce qu'elles habitent près des installations, soit parce qu'elles ont été contraintes de quitter leur travail à l'usine et de rejoindre sur ordre une place vacante dans un camp[1]. Si l'on tient compte des statistiques de la SS, au total près de 4 000 femmes passèrent par l'école de Ravensbrück jusqu'en 1945[2]. Elles furent réparties entre les différents camps féminins mis en place durant la guerre, notamment les départements féminins des camps de Bergen-Belsen, d'Auschwitz, dès mars 1942, de Majdanek, après octobre 1942, tous deux situés en Pologne, ou encore de Herzogenbusch, en Hollande. À partir de 1944, des surveillantes ont aussi été formées à Holleischen, un camp féminin extérieur de Flossenbürg, et à Langenbielau, satellite pour prisonnières du camp de Groß-Rosen. Ravensbrück conservait cependant toujours un rôle central. La gestion de l'ensemble du personnel féminin y était maintenue, de même que la fabrication des uniformes et la gestion des carrières.

Les gardiennes font partie du personnel qui exerce son activité au sein du camp, en interaction étroite avec les détenues. À Auschwitz, la proximité entre les installations respectives des deux sexes les met aussi en contact avec des déportés hommes sur lesquels elles n'ont aucune difficulté à exercer leur autorité. Il en va de même à Majdanek où elles travaillent aussi de concert avec les gardes. Les surveillantes n'ont pas l'obligation d'effectuer les longues stations d'observation sur les miradors ni de suivre les patrouilles dans les zones extérieures des camps qui dépendent des sentinelles de la garnison SS. En revanche, elles doivent sortir du camp lorsqu'elles accompagnent des détenues vers un Kommando de travail. Dans ces circonstances, il leur faut éviter à tout prix les évasions. Car les consignes mises en place par Eicke en 1933 sont plus que jamais valables pendant la guerre. Les surveillantes doivent d'ailleurs signer des clauses de confidentialité et de respect des règles de la SS lors de leur engagement.

Le devoir contractuel et les serments ne les transforment pas d'un coup en fanatiques. Si seulement 4 % d'entre elles ont adhéré au parti nazi, c'est le signe que leur rapport à l'idéologie n'est pas simple. Sans doute, durant leur formation, ont-elles été convaincues de la hiérarchie raciale et de la domination naturelle du fort sur le faible. Mais rien n'indique qu'elles avaient une connaissance claire du rôle à tenir dans les camps avant leur entrée en fonction. Contrairement à leurs homologues masculins, leur choix de servir la politique concentrationnaire n'est pas uniquement corrélé à une croyance politique bien assise.

Le salaire peut avoir joué un rôle. La rémunération de base d'une jeune gardienne est de 185 Reichsmark, supérieure d'un tiers à celle d'une femme non qualifiée travaillant dans l'industrie textile[3]. Mais avec les primes accordées pour les petites responsabilités, leur revenu se gonfle encore et peut aller jusqu'à doubler. L'emploi exerçait donc une attractivité et offrait une autre perspective de carrière qu'un travail d'ouvrière, où l'estime de soi était mise à mal par l'encadrement. Dans tous les cas, l'engagement des hommes et des femmes à servir Hitler était objectivé. Le serment de celles-ci précisait : « Je jure que je serai fidèle et obéissante à Adolf Hitler, le chef du Reich et du peuple allemand, et que je remplirai mes obligations de service consciemment et de façon désintéressée[4]. »

Gardiennes et gardes signaient un engagement sur l'honneur dont l'aspect implicite était un pouvoir complet sur les détenus. Le premier paragraphe stipule que seul « Hitler décide de la vie et de la mort des ennemis de l'État ». Le deuxième ajoute « qu'aucun national-socialiste n'a le droit de porter la main sur un adversaire de l'État ou de le maltraiter corporellement ». Mais le troisième paragraphe conclut à la première personne du singulier : « Je déclare sous serment sur l'honneur que je suivrai fidèlement la volonté du Führer dans tous les cas, ce à quoi je m'engage en signant[5]. » La priorité est donc mise sur le service du Führer, entendu comme l'intérêt général quoi qu'il en coûte. Si le dernier paragraphe l'exigeait, il fallait passer outre au deuxième qui prohibait la violence. Le document revenait à donner sa parole d'honneur de ne pas maltraiter les détenus pour un motif personnel.

Les motivations sont mises à rude épreuve les premiers jours de service, en particulier pour les gardiennes. Les prisonnières constatent avec effarement la vitesse à laquelle les jeunes femmes s'accordent à l'unisson de la brutalité et de la déshumanisation du reste du personnel. Le témoignage de l'anthropologue résistante Germaine Tillion, déportée à Ravensbrück, est à cet égard effrayant : elle évalue à quatre jours le temps d'adaptation du comportement des tortionnaires. Margarete Buber-Neuman, qui connut elle aussi la déportation sous le nazisme, raconte que certaines novices, après avoir tenté en pleurant d'obtenir un changement d'affectation, acceptaient leur sort de peur de devoir affronter la hiérarchie des officiers du camp pour faire valoir leur droit[6]. Le comportement type des gardiennes est donc caractérisé par une violence toute professionnelle à l'encontre des détenues, une rudesse qui doit les viriliser.

Le travail dans les grands camps des années de guerre

Au sein des camps, le travail des gardiens et celui des gardiennes sont donc très proches. Tous doivent appliquer un règlement dont l'objectif est clairement terroriste et ne manifester aucune compassion envers les personnes placées sous leur surveillance. L'exercice de la violence est donc vu non pas comme une nécessité ultime mais comme un mode de gouvernance qui nécessite un rappel régulier de la force. Aidés par des détenus auxquels sont déléguées des responsabilités subalternes comme le maintien de l'ordre à l'entrée et à la sortie des baraques, au moment de l'appel, ils détiennent une forme suprême d'autorité.

Les prisonniers sont conscients de cette toute-puissance, mais les différents statuts représentés dans les camps appellent des nuances. Car tous les détenus ne sont pas placés sous le même régime. Les classements de l'administration des camps par code de couleur selon les peines devaient aider les gardes à se repérer : insigne vert des droit commun allemands, rose pour les homosexuels, jaune pour les juifs… Ces codes avaient pour effet implicite de signaler aux bourreaux les individus sur lesquels ils pouvaient exercer sans crainte leur brutalité ou ceux qui au contraire avaient une utilité pour un des responsables SS, de la part de qui ils risquaient une réprimande. De même, la séparation effectuée entre les détenus de race aryenne et ceux de race juive disait clairement une différence de traitement et la possibilité de frapper voire de tuer sans difficulté un juif.

Un autre indice s'est progressivement imposé aux gardes : le numéro tatoué des détenus indiquait leur ancienneté dans le camp et donc leurs éventuelles protection et connaissance du système concentrationnaire. Les gardes appliquaient ainsi une grille de lecture par repérages successifs des qualités sur les vêtements et la peau de leurs interlocuteurs, tout comme ils regardaient les galons et décorations sur les costumes militaires pour deviner le grade et l'importance d'un soldat ou d'un SS. Mais, en principe, aucune discussion privée n'était tolérée entre gardes ou gardiennes et prisonniers. Nul cadeau ou service, comme transmettre du courrier ou fournir une aide, n'était admis. Le règlement était très strict sur ce plan[7]. Il n'était pas question d'aider un ennemi de l'État ou un adversaire du Reich, qui devaient être combattus dans les camps avec la même vigueur que celle qu'aurait manifestée un soldat au front. La pratique, bien sûr, était plus complexe.

Les gardes et les gardiennes sont armés. Les garnisons qui assurent la sécurité extérieure le sont en raison de leur statut militaire : les sentinelles et les patrouilles devaient pouvoir abattre les fugitifs et éliminer leurs complices extérieurs. Autour des camps situés dans les territoires annexés, leurs armes ont une fonction supplémentaire, elles manifestent la puissance de l'occupant. Dans le gouvernement général de Pologne, les guérites et les sentinelles sont la marque de l'aryanisation en cours. D'où aussi les défilés et les parades auxquels se livrent régulièrement les SS. Mais, dans l'enceinte des camps, la situation est différente. Les surveillants sont parfois armés de fusils, notamment dans les phases de construction, comme l'indique la collection de photographies réalisées par Karl Otto Koch, le commandant de Sachsenhausen. Dans ce cas, ils portaient un fusil en bandoulière et n'hésitaient pas à frapper à coups de crosse les prisonniers. Mais, une fois cet ordre établi, les gardiens dans les phases routinières n'ont parfois qu'un bâton ou une canne à la main pour assurer l'ordre. Avec la guerre cependant, la situation se durcit. Le cas des gardiennes est à cet égard révélateur, si l'on en croit les témoignages d'après-guerre, elles portent de plus en plus fréquemment un pistolet quand elles sont en service, notamment dans les grands camps d'extermination de Pologne, Auschwitz et Majdanek.

C'est donc sur le tas, au gré des expériences acquises par le groupe, que se forgent les règles d'intervention. L'introduction massive de chiens dans l'arsenal de surveillance à partir de 1942 résulte de l'accroissement spectaculaire du nombre des prisonniers et d'une augmentation relativement moins forte des personnels de surveillance. Les chenils finissent par compter plusieurs centaines de chiens qui sont dressés et mis à la disposition des gardes et gardiennes. Les maîtres-chiens ont une affection particulière pour leurs bêtes et veillent à leur assurer de bonnes conditions d'alimentation et d'existence qui contrastent avec celles des déportés. Mais les SS et les surveillantes entretiennent eux aussi un rapport affectif avec les animaux. En témoignent les images posées où les chiens sont présentés avec fierté, et d'autres documents où l'on voit des hommes de troupe et des officiers jouer avec les bergers allemands.

L'album souvenir de Karl Höcker, l'adjoint du commandant en chef d'Auschwitz, présente ainsi plusieurs photographies où apparaît Favorit, le berger allemand qui lui a été confié par le chenil du camp. Höcker n'hésite pas à emmener Favorit sur le champ de tir lors des entraînements ni à le garder à ses côtés sans laisse durant ses promenades. Visiblement, il n'est pas le seul à se conduire avec une telle désinvolture. Le supérieur direct de Höcker, le commandant d'Auschwitz, Richard Baer, interdit cependant de sortir les animaux sans laisse afin d'éviter les accidents et la propagation de parasites[8]. Reste que les chiens sont si bien entrés dans l'intimité des gardes qu'ils les ramènent à leur domicile après leur service. À Sachsenhausen, d'ailleurs, Karl Otto Koch ne fait rien d'autre avec ses propres bêtes et notamment son dogue Afra.

Les chiens sont pourtant des armes effrayantes dans le maintien de l'ordre et dans les violences exercées contre les prisonniers. Les procès d'après-guerre ont rendu publics les morsures fréquentes et le sadisme avec lequel quelques gardiennes poussaient leur bête à attaquer les prisonnières, allant jusqu'à les tuer. Au procès de Lüneburg organisé par les Britanniques fin 1945, les juges enregistrent ainsi entre autres crimes les nombreuses blessures par morsure que la jeune Irma

Grese infligeait aux détenues d'Auschwitz, et dont découla condamnation à mort de cette gardienne.

La mort, les gardiens et les surveillantes la connaissent bien. Elle les enveloppe dès le jour de leur arrivée dans un établissement. De fait, les exécutions sont monnaie courante pour les SS, depuis 1933. Les meurtres ont d'abord commencé de façon sporadique, comme ces fêtes criminelles auxquelles se sont livrés les hommes de Dachau. Puis l'élimination est devenue un mécanisme de sanction autant qu'un moyen d'affirmer son autorité. La mort est ensuite maladie, due aux conditions terribles auxquelles les prisonniers étaient soumis. Après 1938, elle est si fréquente que le personnel la traite comme une variable professionnelle au même titre que la saleté des déportés. La mort est leur métier[9]. Liquidation sous prétexte de tentatives d'évasion, mort des suites de tortures, élimination par le travail, la faim et l'isolement des détenus juifs et des adversaires politiques déterminés, ont entraîné mois après mois et année après année une croissance régulière du nombre de victimes des camps. Mais, à partir de l'occupation de la Pologne et des débuts de la solution finale en 1942, la courbe des morts ne correspond plus à des dizaines voire des centaines annuelles, mais dépasse les milliers puis les centaines de milliers.

Quelques hommes ne se résignent pourtant pas à ce qu'impose leur devoir. Ils ont choisi la Waffen SS en temps de guerre, pour combattre les ennemis de leur pays les armes à la main. Face à la réalité de l'extermination et des mauvais traitements, ils réagissent en aidant tel ou tel détenu, en essayant de faire pression sur les kapos pour adoucir les situations. Un commandant comme Arthur Liebehenschel réussit même, en 1943, à modifier les conditions de détention des déportés d'Auschwitz. Comme l'a expliqué l'ancien déporté survivant Hermann Langbein : « On pouvait espérer que le camp perdrait, au moins pour ceux qui y étaient déjà, le caractère d'une entreprise d'extermination[10]. » Carl Schrade, un déporté qui passa onze ans dans les camps, raconte pour sa part comment Max Demmel, un sous-officier SS né en Souabe dans une famille catholique et affecté à Flossenbürg, au Revier, s'est comporté comme un « Ange » (les malades le surnommaient ainsi), faisant tous les efforts possibles pour soigner les blessés, trouver des médicaments et éviter la déportation des malades[11]. Demmel ne fut pas inquiété à la Libération et témoigna même contre ses anciens chefs, avant de poursuivre une carrière d'infirmier. En dépit du caractère criminel de l'organisation, il y eut quelques SS pour maintenir une flamme humaniste. Ils ont été ces exceptions qui par contraste renforcent encore l'évidence des choix assassins de leurs collègues.

Faut-il marteler cette évidence ? Le génocide n'est pas inconnu du personnel concentrationnaire. Les surveillants sont au cœur de sa mise en œuvre et doivent accompagner les Sonderkommandos qui évacuent les sites d'exécution, nettoient les chambres à gaz, creusent les fosses communes, assurent le transport des corps, leur passage au crématoire, et détruisent à coups de masse les ossements qui n'ont pas été consumés. Même ceux qui ne sont pas au contact direct du processus de liquidation voient passer les cadavres et disparaître les victimes.

Dans le camp de Dora, un ancien Kommando de Buchenwald transformé en camp en 1943, les gardes surveillent les détenus qui vident les dortoirs des prisonniers morts pendant la nuit[12]. Sous leur regard, leur numéro est écrit sur le front des cadavres, afin de pointer les listes d'absents. Ils effectuent les décomptes avec le plus grand sérieux pour faire échec aux évasions, mais refusent de toucher les corps : hygiène oblige. Ils laissent ensuite les cadavres entreposés trois jours près d'un dépôt avant qu'une équipe de prisonniers les charge sur un camion pour les faire disparaître.

La mort et le traitement des corps en masse font donc partie intégrante du temps de travail des SS. La mort leur paraît une contingence, une contrainte à laquelle ils s'adaptent, mais qui s'inscrit dans un cadre légitime, où leur rôle est clairement défini. Quand leur journée s'achève, ils savent changer de règle et retrouvent un comportement civilisé, ou du moins le croient-ils, en sortant de l'enceinte.

Le temps de travail

Les SS et les surveillantes ont un temps de travail défini. Comme tous les Allemands, ils savent que la durée légale d'emploi quotidien est de huit heures, depuis la loi de 1919, qui a subi bien des exceptions au fil des ans. Les contingents sont ainsi organisés par roulement de trois afin de couvrir la durée complète d'une journée. Mais, selon les postes, le temps est plus ou moins allongé ou raccourci. Certains nécessitent jusqu'à quatorze heures de travail, mais ces horaires sont rares et correspondent à des périodes de crise. En général, les officiers et sous-officiers travaillent huit heures avec une pause d'une heure pour le déjeuner. Ils sont présents dans les camps pour superviser l'activité entre 8 heures et 17 heures, puis rentrent chez eux. Un officier de garde est maintenu avec une rotation et les plus haut gradés peuvent être appelés en permanence car ils disposent d'une ligne de téléphone à leur domicile, ce qui est loin d'être le cas pour tout le personnel SS. Höss, le commandant d'Auschwitz, possède ainsi un bureau bien équipé dans sa villa, tout comme Karl Otto Koch à Buchenwald.

Les différents postes n'exigent pas tous la même présence. Les fonctions administratives suivent un rythme assez semblable à celui de l'ensemble de la fonction publique allemande. Les SS et les auxiliaires féminines qui travaillent à la poste du camp d'Auschwitz, notamment, font six heures d'opérations de guichet et de tri de courrier et de colis avant de se reposer. Dans la Kommandantur des grands camps, l'ouverture est parfois limitée aux matinées ou aux après-midi selon les services. Mais, généralement, le personnel assure une présence de huit heures. Le bâtiment est vide le soir. Les bureaux qui s'occupent des admissions et de la numérotation des déportés sont soumis à un rythme moins régulier, celui des arrivées de convoi.

Il en va de même des départements politiques. Leur rôle policier et les interrogatoires auxquels ils soumettent les détenus les conduisent à sortir des horaires normaux. Cela explique qu'ils soient souvent accusés de se livrer à d'autres activités, car ils passent sur le site au gré des exigences de leur chef, pas toujours en rapport direct avec le service. Mais il ne faut pas non plus imaginer des êtres surmenés en permanence. Leur poussée d'adrénaline ne les empêche pas d'enfermer des prisonniers torturés pendant plusieurs jours, sans soins, quand ils ont décidé de prendre du repos.

Les sentinelles et les gardes extérieurs du camp effectuent généralement six heures de faction avant d'être relevés. La surveillance des miradors et des accès au camp est considérée comme ennuyeuse. Toutefois, si l'on en croit le recueil des ordres du camp d'Auschwitz, il arrive fréquemment qu'ils ne soient pas relevés et que leur service se prolonge, ce qui occasionne des plaintes et un mécontentement des hommes. Il est possible que les roulements aient été rendus plus difficiles au moment de la guerre, avec la nécessité pour la Waffen SS de puiser dans la réserve des gardes afin de tenir le front. Les unités de surveillance sont aussi mobilisées de façon exceptionnelle lors des évasions. Elles doivent boucler les périmètres élargis de sécurité et procéder à des battues qui parfois se prolongent plusieurs jours. Leur logement en garnison rend plus aisé les mobilisations exceptionnelles, tels les exercices de tir qui ont lieu plusieurs fois dans l'année. La précision dans l'usage des armes leur permet ainsi d'abattre les fuyards et d'en obtenir des gratifications, sous forme de jours de repos, voire de décorations.

Les surveillantes aussi sont censées travailler environ huit heures. Mais, pendant la guerre, dans les grands camps, elles sont fréquemment en sous-effectif et font des heures supplémentaires. Elles se plaignent régulièrement de ces abus, comme les gardiennes du camp de Majdanek qui amorcent une petite manifestation pour avoir dû s'occuper d'un poste de nettoyage de détenues de 6 heures 30 du matin à 18 heures 30 le soir[13]. La direction essaie alors de calmer cette humeur débordante en promettant des jours de repos ou des primes.

Outre ces périodes de travail quotidien, les gardes et les gardiennes bénéficient régulièrement de congés de fin de semaine. Ils ont aussi des vacances pour des raisons familiales ou pour des motifs de santé. Enfin, ils se voient attribuer des permissions qui sont l'occasion de partir rendre visite à leur famille ou de prendre des vacances dans les sites touristiques proches de leur lieu d'affectation.

La gestion du temps n'a donc rien à voir avec celle des prisonniers. Dans les camps, il n'existe aucune règle légale sur leur temps de travail, dont l'appréciation est laissée au commandant. La plupart le fixent à dix ou douze heures avec une pause d'une heure en milieu de journée. À Buchenwald, les déportés sont réveillés à 6 heures du matin et travaillent jusqu'au coucher du soleil l'hiver ou jusqu'à 18 heures l'été. À Dora il en va de même, alors que l'essentiel de l'activité est souterraine, tant dans l'excavation des mines que dans les usines d'armement.

Dans les camps de concentration, la notion de travail pour les agents de la SS qui occupent un emploi n'a donc rien à voir avec celle des détenus placés en esclavage. Pour les SS, la vie de camp reste liée à un exercice professionnel. C'est un métier qui repose sur l'idée d'une guerre dirigée contre les ennemis du Reich, mais qui prend fin quand, après une « bonne » journée, ils regagnent leur chambre, appartement ou villa pour y retrouver leur famille ou leurs amis.

III

Le bien-être selon Himmler

Le 14 août 1941, dans son avion personnel, le Reichsführer Heinrich Himmler s'envole pour la Biélorussie[1]. Il doit inspecter le front et assister au travail des Waffen SS et des Einsatzgruppen. Profitant de l'occasion, il décide d'aller voir pour la première fois une exécution de masse. Avec lui se trouvent ses proches collaborateurs et deux photographes qui doivent immortaliser l'événement. L'un d'eux n'est autre que Walter Frentz, le photographe personnel de Hitler. La programmation de la visite est très serrée. Aussi les hommes doivent-ils presser le pas et monter rapidement dans les voitures qui les attendent. Après une course d'une vingtaine de minutes, ils arrivent sur le lieu de l'exécution. Une escouade de SS des Einsatzgruppen est en place autour d'une large fosse. Les hommes attendent l'ordre pour tirer. Ils suivent une procédure mise en place depuis quelques semaines. Ils tuent sans rechigner une centaine de captifs. En discutant avec les officiers et les responsables locaux de la SS, Himmler prend note des conditions d'existence et des difficultés rencontrées par ses troupes. Tous les hommes ne supportent pas bien les séances de liquidation. Puis il repart et poursuit son inspection. Le même été, sans que la date soit clairement établie, il convoque un de ses haut gradés, Rudolf Höss, pour lui transmettre oralement un ordre singulier[2].

Höss n'est pas encore la célébrité qu'il est devenu au fil des procès, des documentaires et des Mémoires après la Seconde Guerre mondiale. Pour l'heure, il est le commandant d'un modeste camp de prisonniers, près de la petite ville d'Auschwitz. C'est une ancienne caserne qui, après avoir accueilli des Polonais, est reconvertie en camp de concentration pour militaires russes et juifs polonais. Ce camp se trouve en Haute-Silésie, territoire de Pologne annexé par l'Allemagne. Höss est un vétéran des compagnies à tête de mort. Il a commencé sa carrière dans les camps dès 1933 et a gravi sûrement les échelons avant de devenir un des hommes de confiance de l'état-major SS. Il a travaillé successivement à Dachau et à Sachsenhausen, avant de prendre le commandement d'Auschwitz en 1940. Himmler s'y est rendu au mois de mars 1941. Pendant la visite du site, le Reichsführer a été méticuleux. Là aussi il a posé des questions, notamment sur les conditions de vie des gardes. Il a pu évaluer le potentiel de cette grande superficie, à l'écart des métropoles mais au carrefour des voies de circulation du nouvel empire allemand. Et donc, lors d'une entrevue avec Höss à l'été 1941, « entre quatre yeux », Himmler déclare vouloir faire d'Auschwitz le lieu principal de liquidation des juifs d'Europe. Il envisage même d'y établir une sorte de capitale administrative pour la SS. À charge pour Höss de trouver les moyens d'effectuer les liquidations de masse.

HIMMLER EN DIRECTEUR DES RESSOURCES HUMAINES

Himmler est ainsi[3]. Il ne manque jamais une occasion de s'assurer par lui-même des conditions réelles du travail de ses subordonnés. Il pense à leurs conditions d'existence et donne des instructions très précises pour les améliorer. La visite à Auschwitz et la demande qu'il fait à Höss de chercher de nouveaux moyens de liquidation de masse semblent la réponse aux difficultés relayées par les officiers SS qui ont exposé le malaise des hommes devant des exécutions sommaires. Il s'agirait de trouver des techniques moins pénibles pour effectuer les missions de génocide. Car « tuer en série n'est pas si facile[4] ».

Si Himmler est très soucieux de la situation de ses subordonnés, c'est qu'il n'est pas un dirigeant ordinaire : il prétend fondre les logiques d'un chef de tribu et la responsabilité d'un homme politique issu des Lumières, et se situe dans une vision du monde qui fait du bien-être la clé de l'action collective. Depuis le XVIIIe siècle, en effet, avec la fondation des sciences camérales, et toutes les réflexions sur la fabrication des lois et la transformation des sociétés, l'idée s'est répandue que le rôle de la politique est d'élever le niveau de bonheur des peuples. Successivement, au XIXe siècle, les régimes parlementaires et monarchistes allemands ont voulu répondre à cet impératif. Mais ils se sont heurtés aux grands propriétaires terriens et aux capitalistes, pour lesquels la question du bien-être des paysans et des ouvriers était secondaire au regard de la stabilité sociale et de leurs profits. Après la Première Guerre mondiale, aristocratie et bourgeoisie ont dû céder de leurs prérogatives, et la législation sociale a pris le dessus. La République de Weimar n'a pas seulement étendu les droits des travailleurs, elle a cherché à les éduquer, à former leur goût et à les distraire. Ambition satisfaite, notamment parce que les peuples européens aspiraient à sortir de l'étouffoir de la Grande Guerre et de reconversions douloureuses, mais aussi parce que le cinéma, la radio et les journaux à grand tirage offraient des supports privilégiés à cet enrôlement culturel.

Himmler l'a perçu tôt. Chargé par Hitler, en 1928, de coordonner la propagande, il a découvert le business des réunions politiques et a loué de grandes salles de spectacle pour organiser les meetings de Hitler. Il a pensé la logistique des tournées et les nécessités du service d'ordre[5]. Il a ainsi fait entrer de l'argent dans les caisses du parti et mis en place des relais dans tout le pays. Son emprise sur la garde rapprochée de Hitler, les SS, date de cette époque où il n'a cessé de téléphoner et de voyager pour préparer les hommes. Il a commencé à nouer des relations avec le monde économique pour financer les autres besoins de l'organisation. Mais, comme propagandiste, Himmler a aussi découvert l'influence des grandes campagnes et la culture de masse. Il sait que des outils sont nécessaires pour tenir ensemble un nombre important d'individus. Il faut un journal, des meetings, des symboles, des instruments pédagogiques comme des livres, des distractions qui attirent, un entraînement qui renforce la discipline. Il a constaté que la direction d'un mouvement doit prendre en compte les phases d'inaction, et donc trouver des occupations pour ceux qui n'ont rien à faire. Tout cela le conduit précocement à envisager la SS sous un autre angle qu'un parti politique ou une institution sociale. Il veut en faire un ordre, une communauté tribale, une élite d'un genre particulier.

Pour décrire cela, il utilise des comparaisons et des modèles très différents qui évoluent au fil du temps. Il est probable que sa culture classique et ses références nombreuses à l'Allemagne wilhelminienne l'ont conduit à penser aux Spartiates comme à un ordre supérieur dans lequel la société des hommes et des femmes constituait un tout avec un partage des rôles très marqué entre les genres[6]. S'y superpose une continuité revendiquée avec un soldat prussien idéalisé. Himmler connaît bien ces représentations que les professeurs de lettres classiques enseignaient à leurs élèves dans les établissements secondaires de Bavière. Son père les avait lui-même professées aux enfants de la famille royale dont il avait été le précepteur, puis aux fils de la bourgeoisie dans le plus grand lycée de Munich, dont il fut le directeur. Guerriers, ilotes, métèques, esclaves sont autant de catégories de la Grèce antique qui peuvent se transcrire dans la vision du monde des nazis. Himmler utilisa ainsi la référence aux ilotes quand il discuta avec Rudolf Höss, en 1941, à propos de la réorganisation raciale de l'Europe et du rôle que devaient jouer les camps de concentration[7]. Les « peuples de sang oriental » devaient être réduits à néant ou placés en esclavage afin de libérer les espaces nécessaires aux peuples du nord de l'Europe, et surtout aux Allemands. La vision hiérarchique des cités grecques se combinait avec d'autres mythologies à la mode dans l'entre-deux-guerres. Ainsi en allait-il des mythes nordiques et médiévaux, remis au goût du jour à la fin du XIXe siècle par des théoriciens dont Himmler avait découvert les textes et les idéaux en entrant au parti nazi, au début des années 1920.

La référence officiellement assumée est celle du chevalier, matérialisée par des statuettes de porcelaine fabriquées dans les usines Allach[8], situées dans le périmètre élargi du camp de Dachau : un cavalier SS dont il existe une version peinte. Le dos bien droit, une casquette sur la tête, le cheval blanc porte son maître sanglé dans son uniforme noir, agrémenté du sigle SS qui se retrouve à côté de la signature de l'objet[9]. L'idée du croisé rencontre un écho particulier après le déclenchement de l'opération Barbarossa contre l'Union soviétique en juin 1941. Les nazis se vivent alors comme les continuateurs de l'ordre des chevaliers teutoniques qui a combattu la Russie au Moyen Âge. Himmler offrait les statuettes aux officiers méritants et à ses alliés politiques, pour symboliser leur allégeance. Pour lui, comme pour une partie importante de l'élite, l'adhésion à la SS et au national-socialisme était un engagement complet, un don de soi.

DES LOISIRS POUR IDÉOLOGIE

« Le seul individu privé en Allemagne est une personne endormie[10]. » Responsable de l'organisme de loisirs du IIIe Reich, Kraft durch Freude (La Force par la joie), Robert Ley était bien placé pour constater l'emprise progressive de la politique sur le monde[11] et pour revendiquer la mainmise totale de l'idéologie, y compris sur la vie privée. Sa conception du rapport entre travail et loisir a exercé une influence déterminante. Car en dépit des critiques et des rumeurs dont il faisait l'objet, entre alcoolisme et harcèlement sexuel, Ley a été le principal concepteur des rapports sociaux sous le nazisme. Il prend dès 1933 la direction du Front du travail (*Arbeitsfront*), qui fusionne en son sein les syndicats patronaux et ceux des ouvriers. Son objectif est double. Il veut dépasser l'antagonisme entre les classes sociales et subordonner les forces de production à l'idéologie. Sa logique est avant tout corporatiste, mais, secondairement, il souhaite améliorer les conditions de travail et favoriser une adhésion des forces populaires au nouveau régime. De là provient son obsession de pénétrer les lieux d'activités professionnelles, notamment par le biais des questions de santé et des conditions de travail. Il pousse par exemple à l'ouverture de cantines afin d'améliorer l'alimentation. Il contribue aussi au développement d'infirmeries.

Robert Ley fait surtout entrer dans le monde des entreprises les loisirs et les distractions culturelles. Il promeut les concerts pour les ouvriers dans les usines, pousse au développement du sport sur le lieu de travail. Sa grande œuvre consiste dans la mise à disposition des catégories populaires de plaisirs jusque-là réservés aux élites, en particulier des voyages de vacances, via l'organisation La Force par la joie. À l'évidence, Robert Ley poursuivait la montée en puissance de l'état de bien-être, mais en l'appuyant désormais sur le principe de la communauté populaire. Il rompait ainsi avec la logique d'autonomisation de la vie privée à l'œuvre depuis la seconde moitié du XIXe siècle, en somme avec l'individualisme. Son idéologie était partagée par les grands dirigeants du Reich. Pour eux, le fanatisme était une qualité car il reflétait le désir de la société de se réformer au nom des idées raciales. Au moment de la guerre, cet état d'esprit militant prend un nouvel élan. Le fanatisme à l'arrière est le pendant de l'engagement des soldats au front, dont la vie tout entière devait être tournée vers le combat.

Les affiches de propagande déployaient à l'envi ce modèle. Elles donnaient cependant une vision déformée des mécanismes à l'œuvre et ne reflétaient pas non plus le style de vie des responsables du parti nazi et de la SS. Himmler, par exemple, réservait dans son emploi du temps des plages d'intimité échappant à toute lecture idéologique. Elles correspondaient à diverses activités dont il essayait de maintenir la confidentialité. Himmler avait ainsi un ménage caché, et une fille dont il taisait l'existence. Il entretenait en outre des liaisons, dont une durable avec sa secrétaire, qui le conduisit à rompre avec son épouse en 1940. Il était tout aussi discret sur sa santé et les relations qu'il entretenait avec Felix Kersten, son masseur[12]. Kersten le suivait parfois dans ses déplacements, sans que son statut véritable soit dévoilé. Il endossait alors un uniforme d'officier SS et demeurait avec la suite du Reichsführer.

Himmler logeait ces activités dans un emploi du temps aussi minuté que celui d'un chef de grande entreprise ou d'un chef de gouvernement. Cet agenda ne pouvait à l'évidence constituer l'emploi du temps idéal du SS ; reste que, pour de nombreux Allemands, Himmler était une sorte de modèle. Les hommes de la SS voyaient en lui le sommet d'une hiérarchie, une référence fondatrice de leur existence. Les archives regorgent de lettres de remerciements et d'éloges qui, outre leur dimension courtisane, témoignent de son attraction et de son pouvoir[13].

Dès lors, son mode de vie apparent éclaire en partie sa conception du bien-être pour ses hommes. Il donne des indications pour comprendre les choix en matière de gouvernance des gardiens de camps de concentration et de gestion du « matériau humain ». Cette expression est une de celles qu'Himmler affectionne, en un temps où la notion de ressources humaines n'existe pas encore. Il l'emploie notamment pour parler de la qualité raciale des recrues éventuelles pour la SS[14]. Dans son optique, les hommes sont analysés comme des spécimens animaliers à intégrer dans un cheptel. La race n'est donc pas seule en cause. Le niveau et le mode de vie conditionnent le développement des êtres.

Le journal de sa femme Margarete donne de claires indications à propos de son époux, et complète efficacement l'agenda professionnel de celui-ci, souvent lacunaire et centré sur ses rendez-vous, sans toujours être précis sur ses activités. Himmler, bien que gros travailleur, a aussi ses temps de détente et de loisir. Contrairement aux idées reçues, il entretient même une grande activité mondaine, tant à cause d'obligations protocolaires que dans le but de maintenir ses réseaux amicaux et sociaux.

Comme tout le monde, le Reichsführer SS a des passions. Il adore la chasse, qu'il pratique sur son domaine de Gmund où il retrouve certains membres du gouvernement comme Ribbentrop, le ministre des Affaires étrangères. La chasse est l'occasion d'entretenir son corps. Car il essaie de rester aussi sportif que lors de ses années d'études. À l'époque, dans le Munich d'après la Grande Guerre, il était un habitué des gymnases. Il a pratiqué l'escrime, le jiu-jitsu, l'équitation… Il a participé aux entraînements militaires et effectué des courses d'endurance. Cela lui permet à l'occasion de prendre part aux exercices de ses troupes et d'entretenir (péniblement) le fantasme de la supériorité physique et morale du chef. Sur ce plan, il ne fait pas toujours illusion, face aux jeunes recrues surentraînées… Depuis les années 1930, enfin, Himmler est aussi féru de tennis.

Outre les activités physiques et sportives, le Reichsführer ne dédaigne pas les cartes. Il joue ainsi au très populaire Skat et s'est mis au bridge, qu'il pratique volontiers avec les figures du monde diplomatique ou plus simplement dans son cercle amical.

Himmler prend des congés. Il s'absente plusieurs jours de son bureau, même lors de crises importantes, afin de récupérer des forces après de longues journées de travail. Au lendemain de la nuit de cristal, juste après le 9 novembre 1938, il file en vacances avec sa femme et sa fille. Il a réservé une chambre à Salzbourg, à l'Osterreichischerhof. Son épouse explique : « Heinrich est pour que l'on fasse quelque chose tous les jours. Vendredi la ville. Dimanche le Gross Glockner. Dimanche après-midi, il est parti à la chasse en voiture (domaine Krupp). Je couds, je lis et j'écris (...). Tout est dans l'ordre. Cette histoire des juifs, quand ce fardeau va-t-il nous laisser afin que chacun puisse vivre une existence joyeuse[15] ? » Il est vrai que son mari s'est démené quelques jours plus tôt pour coordonner avec Hitler et Heydrich l'action contre les juifs allemands, au point que 30 000 d'entre eux ont été arrêtés et placés en détention dans les camps de concentration gérés par les SS.

Himmler lors de ses voyages officiels joint l'utile à l'agréable. L'année précédente, par exemple, il s'est rendu en Italie. Outre les réceptions officielles et les contacts informels, il a pris quelques jours de congé avec sa femme dans le Sud. Il a visité Pompéi et Herculanum et s'est émerveillé des svastikas peints sur le sol. Il a approfondi grâce à ses hôtes ses connaissances en histoire antique.

Voyager, jouer, faire du sport, avoir des relations amoureuses sont les ressorts d'une hygiène existentielle, si l'on suit la façon dont le chef suprême de la SS coule ses jours. Tout cela témoigne d'une attention particulière à la situation matérielle et au fonctionnement de la vie sociale en interrelation avec le monde professionnel. Les grandes décisions de Himmler pour la SS s'inscrivent dans la même continuité.

Une tribu bien portante

Dès avant la prise de pouvoir et l'élimination des SA de Röhm en 1934, Himmler avait refusé de faire des SS une organisation masculine comme il en existait tant d'autres : groupes d'anciens combattants, rassemblements paramilitaires, voire plus simplement clubs fermés aux femmes. Il souhaitait instaurer un véritable ordre élitiste, un ordre tribal disait-il, qui admette une présence féminine.

C'est tout le sens d'une règle qu'il établit dès 1931 : il ordonne aux SS de se marier. L'idée est simple. Si les SS sont une nouvelle noblesse, ils doivent se reproduire et leur descendance, dont la qualité raciale est certifiée, constitue le meilleur gage de pérennisation de la pureté aryenne. Une telle décision distingue l'organisation de la SA, qui n'avait pas de prétentions similaires. La SA se pensait plutôt comme une armée ou une police supplétive, complétée par des éléments populaires au gré des besoins. Pour son chef Ernst Röhm, la SA était affaire de foi et non de sang.

L'ordre de mariage est réitéré dans les années suivantes, à mesure que l'institution SS se développe et gagne en autorité. En 1935, les lois raciales sont adoptées au congrès de Nuremberg et nécessitent une adaptation des institutions. Himmler poursuit son idée. Il réaffirme que le mariage est une obligation pour ses hommes, en particulier pour les officiers. Ils doivent procréer avec des femmes sûres de leur origine raciale. Himmler instaure un bureau de la race au sein de la SS, et établit une procédure assez stricte qui oblige les candidats au mariage à fournir des certificats de naissance et de baptême en très grand nombre pour obtenir l'autorisation. Un officier SS doit ainsi produire 64 documents afin de prouver la pureté de son lignage jusqu'aux années 1650, et sa femme pas moins de 52[16]. Le Bureau de la race se charge de les contrôler et donne son accord. Toutefois, Himmler a insisté pour qu'il ne rende pas le mariage obligatoire une fois admise la conformité. Il se prononce simplement sur l'aptitude des femmes à être épousées ou non. Son verdict laisse ensuite aux SS le choix entre renoncer à se marier si les certificats ne sont pas conformes, ou bien être radiés de l'institution s'ils préfèrent épouser une candidate jugée insuffisamment pure. Ils sont ainsi plusieurs centaines à quitter les rangs dans les années 1935-1939 pour raison de cœur.

La mise en place de la Waffen SS en 1939 modifie la donne. Désormais, l'armée SS doit être prête à agir immédiatement. Il faut donc éviter que des attaches profondes ne paralysent tous les niveaux hiérarchiques. Himmler insiste auprès du Bureau de la race pour que les candidatures au mariage des hommes de troupe ne soient pas encouragées. En particulier quand ils n'ont pas atteint 25 ans, les demandes doivent être absolument rejetées. Il faut éviter que ceux dont on attend la plus grande dévotion se laissent distraire avant que leur formation idéologique soit achevée. Au contraire les sous-officiers, et plus encore les officiers et les hauts cadres de la SS, doivent prouver la stabilité de leur caractère et leur normalité en ayant une épouse. Ils peuvent même avoir des maîtresses s'ils sont discrets et ne provoquent pas de scandale de mœurs dans leur sillage.

Les gardiens de camps de concentration, leurs sous-officiers et leurs officiers répondent assez précisément à cette vision du monde. Les régiments à tête de mort, en effet, appliquent directement cette conception du bien-être hiérarchique et familial : les conditions matérielles du casernement prévoient la présence des épouses. Himmler a souhaité la construction de logements autour des camps pour accueillir les familles. Dans son esprit, les ménages de la SS doivent se fréquenter et partager des soirées ensemble. Il leur revient de s'isoler en partie du reste de la société pour renforcer leur caractère de caste. L'état-major SS donne l'exemple. Ses membres se retrouvent durant leur temps libre et leurs épouses se connaissent et organisent des rencontres. Les enfants vont prioritairement dans les écoles installées sur place. Plus tard, les garçons iront dans les Napolas, les lycées de formation de la SS. Une cohésion doit découler de la vie commune et, par les sociabilités, la vision du monde idéologique se trouvera harmonisée.

Dès la mise en place du modèle de grand camp inauguré à Sachsenhausen, l'Inspection des camps de concentration (IKL) a officialisé le lien entre mode de vie des gardes et activité professionnelle, et a installé ses bureaux dans le périmètre résidentiel du camp. Elle loge les fonctionnaires à proximité. Eicke, nommé à la tête de cette institution, quitte Berlin et emménage, en 1938, dans sa nouvelle villa proche du camp, vaste demeure qui possède des pièces de réception où il invite ses subordonnés dans les grandes occasions. Sa famille y restera même après son choix d'intégrer les unités combattantes et son départ pour le front. Elle a sa place dans la tribu SS.

Le camp possède aussi une vaste caserne qui consiste en deux grands bâtiments à deux étages. Environ 2 000 hommes de troupe y logent. Pour les nourrir, une cantine entretenue par les prisonniers est à leur disposition. Le matin, elle sert le petit déjeuner jusqu'à 9 heures, puis le déjeuner, et enfin un dîner dont le service prend fin vers 20 heures. Les prisonniers assurent la cuisine, la maintenance, et font office de serveurs, puis, à 21 heures, ils regagnent le camp de concentration encadrés par une escorte.

Les officiers ne logent pas à la caserne. Leurs maisons sont situées le long de l'Adolf Hitler Damm, à Sachsenhausen. Ce sont de grandes demeures dans un style qui n'est pas éloigné de celui des villas de Dahlem, quartier de la capitale à l'écart des artères bourgeoises du centre où la population très aisée profite de vastes jardins et de nombreux espaces verts. Mais leurs toits pentus sont inspirés des habitations de la Forêt-Noire, et leur apparence renvoie à un idéal de germanité, voire de ruralité, car la SS est très sensible aux arguments qui veulent que la race et le sang soient liés au sol. La dévolution d'une maison plutôt que d'un appartement dans un immeuble n'est pas un hasard. Elle élève doublement les officiers. D'abord, en isolant leur demeure, elle maintient une distance avec les subordonnés. Ensuite, elle préserve un peu de l'idéal aristocratique du domaine. Or, les SS se rêvent en seigneurs, en chevaliers.

Himmler est sensible à ces signes de reconnaissance, et attise chez ses hommes le goût d'une distinction par les œuvres et la propriété. Les logements de fonction sont presque privatisés par les cadres du mouvement. De fait, Eicke n'est pas le seul à maintenir sa famille sur place, après sa mutation. Höss, par exemple, laisse femme et enfants dans sa villa d'Auschwitz après sa nomination à l'IKL, à Sachsenhausen. Oswald Pohl, responsable de la gestion économique des camps de la SS, quant à lui, fait aménager une ferme dans le périmètre de Ravensbrück, alors qu'il loge à Berlin. Lors de changements d'affectation, d'autres officiers de rang moindre font de même : ils maintiennent leur famille dans l'environnement le plus avantageux, louent une simple chambre sur leur nouveau lieu de travail, dans le foyer des officiers, et entretiennent leurs proches au loin afin de s'épargner un déménagement et un changement de scolarisation.

Les budgets engagés pour les constructions de villas sont de plusieurs millions de Reichsmark. La seule maison de Eicke à Sachsenhausen a coûté 240 000 Reichsmark. D'autres commandants, comme celui du camp de Natzweiler, ajoutent les dépenses d'une piscine. Ces montants importants sont financés par la SS, qui obtient la contribution d'entreprises moyennant des concessions d'utilisation de la main-d'œuvre, en particulier après le déclenchement de la guerre. En clair, les prisonniers paient les avantages des cadres de la SS. Le succès de Koch comme commandant de camp tient à sa capacité de satisfaire les besoins de ses subordonnés grâce au travail des détenus. Comme constructeur de Sachsenhausen, il avait ordonné prioritairement la fabrication des logements des gardiens. Il reproduit ce modèle dans le nouveau camp qui lui est confié, Buchenwald, où l'on distingue le même zonage des logements entre lieu de travail et espace résidentiel. Mais Buchenwald constitue un pas en avant dans l'imagination du confort des gardes et du personnel d'encadrement. Koch, en effet, suit les désirs de ses hommes et aménage des espaces de loisirs à proximité, notamment pour la pratique du sport.

Même Dachau est touché par le mouvement de quête du bien-être des SS. Quand Himmler décide la grande refonte des camps de 1936, des équipements sont ajoutés pour distraire les gardiens et les sous-officiers qui viennent en formation. Là aussi, une piscine est ouverte pour leur agrément et des terrains de sport assurent la pratique de jeux collectifs, notamment du football qui passionne les SS.

Des choix coordonnés

Toutes ces décisions ne proviennent pas d'une somme d'initiatives locales. Elles s'inscrivent dans une politique globale de l'institution concentrationnaire. La direction SS encourage et finance les projets qui suivent sa ligne. Himmler et son état-major les approuvent, puis visitent les installations. D'ailleurs, le Reichsführer stimule les mêmes équipements et une philosophie identique dans les écoles de formation pour les jeunes de la SS, les Napolas, qui fonctionnent sur le modèle des internats militaires et doivent sélectionner et endurcir la future élite du Reich.

La Wehrmacht, l'armée régulière, ne dispose pas toujours d'équipements de même niveau. Elle ne parvient pas à doter toutes ses unités de matériels de loisir suffisants, en particulier face au gonflement rapide des effectifs des années de guerre. Malgré un patrimoine immobilier important, elle n'arrive pas non plus à loger les familles de ses cadres. Surtout, la Wehrmacht, comme les autres institutions qui encadrent fortement leur personnel, ne prétend pas créer une forme de lien tribal et idéologique à travers les formes d'habitation. Les grandes administrations, comme la poste ou les chemins de fer, entretiennent en général un esprit de corps sans que la question du projet politique et de société en dépende.

Himmler est donc à la tête d'une organisation qui pense la vie de ses membres dans le détail, en fonction d'un idéal de recomposition de la société allemande. Il est parfaitement conscient de toutes les transformations de son institution en matière de bien-être comme de destruction des juifs. Il vise personnellement les plans des camps de concentration, et donne son accord notamment pour les ajouts liés à la mise en œuvre du génocide. En témoigne la découverte en 2009 de documents pour la modification du camp d'Auschwitz qui datent de 1941[17]. Il s'agissait de modifier l'un des Blocks du camp principal d'Auschwitz en créant la chambre à gaz dans son sous-sol et en y ajoutant un crématoire. Himmler les a visés. Il a porté son regard méticuleux sur la plupart des transformations importantes de la vie de ses hommes et de la population placée sous leur garde, anticipant les grandes phases de l'extermination.

Sa relation avec le personnel induit aussi des liens entre Himmler et les familles. Sa correspondance ainsi que ses agendas ne se limitent pas aux questions générales de gestion ou de police. Le Reichsführer prend fréquemment du temps pour évaluer la situation personnelle de ses subordonnés. Ses adjoints directs consacrent une partie considérable de leur activité à préparer des réponses pour les solliciteurs, à organiser des envois de toute nature pour honorer les enfants ou les parents des SS[18]. Une naissance ? Le Reichsführer fait expédier un mot de félicitations, du lait vitaminé et un chandelier. Car l'ordre se prépare à admettre ces enfants issus de la plus pure race aryenne dans ses rangs, dès qu'ils en auront l'âge.

En cas de mutation, Himmler intervient parfois pour préciser les conditions. Mais il se manifeste surtout lors des décès de ses subordonnés. Il écrit aux veuves, et leur propose des secours. Il soutient celles qui sont enceintes au moment de l'épreuve car, durant la guerre, la Waffen SS est mobilisée sur le front. Ses aides et ses interventions sont plus grandes quand il s'agit d'hommes de troupe entrés dans l'organisation depuis plus d'une décennie, voire de membres du noyau originel des militants engagés avant la prise de pouvoir nazi en 1933. C'est en particulier le cas des éléments des unités à tête de mort qui ont servi de cadre pour la création de la Waffen SS. Certains gardes ont partagé l'ascension de leur chef et entretiennent avec lui une relation de fidélité réciproque. Ils ont intégré la devise du mouvement : « Mon honneur est ma fidélité. » Himmler suit les vicissitudes de leur existence grâce à la formidable bureaucratie de son secrétariat personnel. Tous les dossiers sont organisés de manière à construire l'illusion d'une relation intime avec chacun, surtout les officiers et sous-officiers. Le fichier du secrétariat le renseigne sur les noms des femmes et ceux des enfants, auxquels il adresse occasionnellement des jouets.

Himmler est bien le comptable du mode de vie des gardiens, au point de préciser la nature des relations que doivent entretenir les SS, les surveillantes et les détenus de toutes sortes. Dans sa conception, la question de la pureté de la race est cruciale. Les SS en tant que corps ont prouvé leur ascendance aryenne en remontant sur plus de cinq générations. Pour Himmler, un tel capital ne saurait être souillé par des alliances avec des groupes d'autres origines, car le sang détermine la valeur du peuple. Plus il se rapproche de la biologie de ses origines, plus son potentiel de développement sera grand. Or, les SS à tête de mort et les gardes des camps fréquentent des prisonniers et des prisonnières d'autres races ou des êtres dont le comportement, selon lui, prouve le caractère dégénéré (communistes, délinquants, homosexuels). Dès 1933, l'administration des camps a donc renforcé les interdictions de contacts privés entre détenus et surveillants. Elle a formellement interdit les relations sexuelles. En principe, les détenus ne doivent pas avoir de relations sexuelles entre eux, ni surtout avec les gardiens. Et les deux groupes ne doivent pas non plus se fréquenter, en dehors des obligations de service. Himmler a plusieurs fois répété la nécessité de ne pas « souiller » le sang allemand. Encore en 1942, dans un discours qu'il tient à des responsables de la SS le 9 juin, il précise qu'il n'a rien contre les naissances hors mariage, malgré leur aspect « peu chevaleresque », mais qu'il n'a pas le sens de la plaisanterie quand il s'agit d'étrangères[19]. Il renvoie pour ce motif plusieurs SS dont les inconduites avec des femmes polonaises ont été révélées par la contraction de la syphilis.

Ce modèle explique que Himmler ait admis la nécessité pour les gardiens de camp, comme pour les Waffen SS, d'avoir accès à des bordels, à condition qu'ils ne fréquentent que des prostituées de même statut racial. Une logique identique explique que les travailleurs forcés présents dans les grands camps comme Auschwitz aient pu obtenir de la direction la possibilité d'avoir un bordel à leur disposition.

Le bien-être selon Himmler englobe donc les comportements sexuels et retrouve en cela la politique générale du Reich. Fiançailles, mariage et amour ne sont pas des affaires privées. Le *Heiratsbefehl* (l'ordre donné aux SS de se marier) explicite le projet de la nouvelle Allemagne. Pour Himmler, l'intimité relève de l'action publique. L'avenir de la patrie se joue dans la double puissance démographique et raciale. En énonçant le règlement des mœurs de ses subordonnés, le Reichsführer applique les mêmes idées que celles de Robert Ley, et finalement de Hitler. Une existence sous le nazisme doit être national-socialiste du début à la fin. La plus simple preuve de leur obsession apparaît sur les vêtements des SS : les uniformes sont marqués du sigle, bien sûr, mais aussi les sous-vêtements et les maillots de bain. L'administration apposait une pudique estampille sur les parties intimes des personnes : le nazisme collait à la peau.

Vu de près, cependant, le comportement des surveillantes et des gardiens n'est pas aussi conforme aux prescriptions officielles. Pour leur bien-être justement, ils oublient parfois les exigences supérieures. Quelques exceptions notables ont ainsi défrayé la chronique des années de guerre. Elles témoignent a contrario que la vie privée est globalement organisée par la politique et que les joies personnelles sont dans l'ensemble tenues en main par la hiérarchie, qui tolère les débordements tant qu'ils ne mettent pas en cause le fonctionnement général du système concentrationnaire. En effet, les dirigeants, afin d'éviter les dérives, imagineront une économie des petits plaisirs visant à canaliser les énergies des individus moyens et à leur éviter l'ennui.

IV

Dans l'intimité des bourreaux

En 1937, le Bureau de la race de la SS, chargé de vérifier que tous les hommes sont bien de race aryenne, fait circuler au sein des troupes un fascicule de trois pages sur la préparation des mariages[1]. La préoccupation n'est pas accessoire puisque ce même bureau comptabilise trois SS mariés sur quatre. Afin d'échapper à la « dictature du christianisme », un cérémonial particulier est prescrit, d'où disparaissent les influences orientales ou sémites. En un mot, il s'agit de sortir le mariage des églises ; mais, symbolique oblige, les femmes sont en blanc, une couronne de fleurs sur la tête et les hommes en grand uniforme. Trois gestes sont jugés indispensables : le don de *Mein Kampf*, le best-seller d'Adolf Hitler, ou d'un autre texte significatif du national-socialisme en cas de manque ; l'échange du pain et du sel ; l'allumage d'un feu par le jeune couple. Après les recommandations générales suit une proposition de plan pour le déroulement de l'événement.

La célébration s'ouvre sur une introduction musicale qui doit « sans ambiguïté utiliser un compositeur à la vision du monde incontestable ». Ensuite, un orateur déclame un poème ou prononce quelques mots (une parenthèse insiste sur la « richesse des citations » tirées du livre du Führer). L'auditoire entend alors la lecture du texte de Nietzsche « Enfant et mariage ». Un officier SS reprend la parole – en évitant de donner l'impression d'être un nouveau prêtre – pour préparer l'échange des consentements. Après un deuxième intermède musical, le fonctionnaire d'État accomplit son devoir en notant les noms des époux et en donnant l'exemplaire de *Mein Kampf*. Ensemble, les conjoints allument une chandelle (celle offerte en récompense aux officiers SS, si possible). Puis le pain et le sel sont disposés sur une table de bois, et le couple déclare s'engager dans une vie commune au service de la nation. L'officier qui a dirigé le service leur adresse un discours sur le sens de leur entrée dans la communauté SS et leur remet un diplôme (ou un livre). Enfin, tous les participants chantent le *SS Treuelied*, l'hymne des SS.

L'équilibre des couples et des ménages n'est pas indifférent à la bureaucratie mise en place par Himmler. Dans l'intimité même, il faut s'assurer que les époux vivent harmonieusement. Entendue comme une gestion globale des ressources humaines, cette conception du bien-être s'est donc immiscée dans tous les recoins de l'existence des gardes. Elle est à la fois action idéologique venue du sommet et manière de tenir les comportements par un contrôle réciproque des membres de la tribu SS.

Dans les camps et les logements des gardes alentour, la surveillance des foyers est d'autant plus justifiée que les SS emploient pour leur compte de nombreux travailleurs forcés, outre ceux enfermés dans les camps. Ce sont des serviteurs, des cuisinières, des jardiniers, aux yeux desquels il faut tenir un rôle de conquérant, détenteur de droits particuliers, et manifester une autorité de seigneur, en appliquant dans la maison les règles qui sont imposées à l'échelle nationale. Dans les camps de concentration, la vie de couple des officiers et de leurs subordonnés (femmes et hommes) en dehors du service n'est donc pas laissée au hasard. Premier enjeu obsessionnel du personnel concentrationnaire, la sexualité est censée reposer sur trois interdits : pas de relations homosexuelles ; pas de relations interraciales ; pas de contacts intimes entre détenus et surveillants. Dans les faits, les comportements sont plus variés.

Une sexualité déréglée ?

L'anthropologue et résistante Germaine Tillion, déportée à Ravensbrück pour faits de résistance, se félicitait qu'il n'y eût pas de relations intimes entre SS et détenus. Elle pensait qu'une telle interdiction regardait surtout la discipline du camp. En revanche, elle semble avoir ignoré la prohibition théorique des relations privées entre surveillantes et gardes SS, pendant le service. Il est vrai que la règle n'a guère été respectée et que l'observation des conduites a pu laisser penser aux prisonniers que l'administration SS recherchait le rapprochement des deux populations pour favoriser la naissance d'enfants racialement purs. Mais, en pleine guerre totale, une telle politique aurait contredit le besoin de la Waffen SS de disposer d'un personnel jeune pleinement mobilisable avant 25 ans. Les conditions matérielles d'hébergement de la troupe dressaient un obstacle autrement plus significatif à la création de relations intimes entre gardes et surveillantes. Pour les hommes de troupe de la SS, l'habitat était collectif, au sein de casernes. Les surveillantes étaient elles aussi logées dans des maisons au cadre disciplinaire strict. À Majdanek, par exemple, leur résidence était proche de celle des officiers SS. Les gardiennes ont eu de ce fait plus souvent des relations avec les sous-officiers ou les officiers.

Germaine Tillion leur attribuait d'ailleurs un comportement sexuel débridé, et dans ses Mémoires elle évoque les rumeurs entendues dans le camp à propos d'orgies : « Mariées ou pas mariées, toutes les *Aufseherinnen* avaient, paraît-il, parmi les SS un ou plusieurs amants assidus et ne laissaient, semble-t-il, échapper aucune occasion de faire des comparaisons avec d'autres. Outre les amants et outre ces comparaisons, leurs distractions (spécialement pour les solstices et équinoxes) étaient de grandes mangeailles et beuveries à la suite desquelles tous étaient tellement saouls que femmes et hommes étaient incapables de dire avec qui ils avaient terminé la nuit[2]. »

Aucune de ces rumeurs n'a été vraiment confirmée par les procès et les interrogatoires des gardiennes intervenus depuis 1945. L'ensemble des surveillantes a plutôt vécu une existence « ordinaire » de jeunes femmes allemandes sans que rien prouve un écart à la moyenne des relations entre hommes et femmes de cette époque. Avec la guerre, en effet, il semble que l'activité sexuelle ait été stimulée partout. La frénésie sexuelle des gardiennes et des gardes paraît relever des clichés construits dans l'immédiat après-guerre, afin de mieux fustiger la monstruosité des bourreaux – comme s'il était encore nécessaire d'ajouter à leurs crimes des comportements choquant le sens commun. S'agissant des gardiennes, les critiques s'expliquaient sûrement en partie par le déséquilibre d'une situation dans laquelle des jeunes femmes célibataires, bien nourries et solides, se retrouvaient au contact d'une population masculine nombreuse. La disproportion invitait au fantasme : à Auschwitz par exemple, 56 surveillantes sont plongées au milieu de

2 000 hommes de troupe ; à Majdanek, 20 surveillantes cohabitent avec 1 200 SS.

L'une d'entre elles, Luise Danz, postière à Schmalkalden, rencontre en 1941 Franz von Bodmann, au cours d'un séjour de vacances à Ulm[3]. Ce médecin lui promet le mariage. Elle décide de quitter son poste pour le rejoindre. Mais Bodmann ne lui a pas tout dit. Il est déjà marié depuis 1939. Il est même père de deux enfants et, de surcroît, il exerce au sein du camp de Majdanek. Luise Danz se retrouve donc, entre contrainte et volontariat, recrutée comme surveillante par la SS et placée à Majdanek, dans le camp féminin. Là, elle retrouve son amant et entretient avec lui une liaison jusqu'au début de l'année 1944. Ils ont rendez-vous tous les jours, après la fin du service, à 5 heures. Finalement, ils rompent quand ils sont affectés à de nouveaux postes. Luise Danz est envoyée à Plaszow, le camp rendu célèbre par le film de Spielberg, *La Liste de Schindler*. Elle loge en ville et va tous les jours surveiller les prisonniers affectés à une fabrique d'émail. Son emploi du temps est plus chargé qu'à Majdanek, car elle doit aussi superviser deux fois par semaine le chargement de camions et les accompagner. Après quelques mois, elle est mutée à Auschwitz, puis dans un camp annexe de Ravensbrück, Malchow, où elle est finalement nommée surveillante en chef d'une équipe de vingt gardiennes. Elle accompagne les 2 000 derniers détenus dans un transport aux conditions terribles. C'est dans ce contexte extrême de la fin de la guerre qu'elle aurait battu à mort une femme, crime pour lequel elle fut poursuivie en justice après 1945. La relation amoureuse l'a finalement conduite à endosser une posture de bourreau, et non l'inverse.

Afin d'introduire un contrôle plus strict de la vie amoureuse des gardiennes et des auxiliaires de la SS, le 10 septembre 1943, Himmler prend la décision que leur mariage sera lui aussi soumis au Bureau de la race. Les *Aufseherinnen* doivent désormais fournir des preuves de leur appartenance à la race aryenne, ainsi que leur prétendant. Plusieurs des jeunes femmes de Majdanek sollicitent l'autorisation d'épouser un des sous-officiers ou officiers du camp. Les dossiers étudiés par l'historienne allemande Elissa Mailänder Koslov prouvent que les mariages sont parfois dus à une grossesse avancée. La pratique sexuelle hors mariage est ainsi démontrée, mais « l'esprit chevaleresque » évoqué par Himmler prévaut[4]. L'une des surveillantes, Ruth E., écrit pudiquement qu'elle a connu un homme de troupe de la SS à Ravensbrück : « Là il a été établi que j'ai laissé mon futur mari passer la nuit dans ma chambre. J'ai été alors mutée disciplinairement à Auschwitz. » Elle a ensuite demandé à aller à Lublin-Majdanek. La mutation-sanction indique nettement que les relations avec les hommes de troupe ne sont pas bien vues. Ruth E. obtient finalement son autorisation de mariage au cinquième mois de sa grossesse.

Les demandes en mariage sont bien le signe que la sexualité n'est pas aussi libre que pouvaient l'imaginer les prisonniers. Les cas de libertinage et de liaisons amoureuses multiples sont rares et renvoient à des situations particulières. Le meilleur exemple est donné par un officier d'Auschwitz. Palitzsch appartient au premier contingent d'hommes arrivés avec Höss dans le petit village polonais en 1940 pour y prendre possession de l'ancienne caserne et la transformer en prison. Il est alors sous-officier et fait preuve d'esprit d'initiative. Il attire l'attention des responsables de la section politique qui le recrutent. Il sera l'un de leurs meilleurs bourreaux. Il accomplit, en effet, très calmement les exécutions et les liquidations qui lui sont demandées. Palitzsch est même impliqué dans la mise en place des techniques de gazage. Il est aux côtés du commandant Fritsch quand est utilisé pour la première fois le zyklon B contre un groupe de 600 détenus soviétiques, le 3 septembre 1941, à titre encore expérimental. Le 4 au matin, muni d'un masque à gaz, c'est lui qui pénètre dans la cave du Block 11 où ont été enfermées les victimes. Constatant que quelques personnes vivent encore, il referme la porte afin de remettre des cristaux de zyklon. Ce tueur au sang froid est violent avec les détenus, y compris envers ceux qui servent dans sa maison. Quand sa femme se plaint de l'un d'entre eux, il n'hésite pas à le pendre avec les bras attachés dans le dos. Pourtant, Palitzsch est bon père de famille et mari aimant. Sa servante a donné témoignage de sa tendresse vis-à-vis de ses enfants. Tout change quand son épouse meurt du typhus l'année suivante. Selon Hermann Langbein, un ancien détenu d'Auschwitz, elle aurait été victime de son avidité en rapportant chez elle les vêtements contaminés de déportés morts au camp. Il est aussi possible qu'elle ait simplement été infectée par une vaccination défectueuse. Quoi qu'il en soit, cet événement change la vie de Palitzsch. Frappé d'une manie de deuil, il ne cesse de boire et de chercher des relations amoureuses. Il fréquente notamment plusieurs surveillantes, voire des prisonnières. Sa déviance n'est donc pas venue directement de son emploi, mais de la situation personnelle créée par la perte d'un être cher. Il faut cependant admettre que c'est bien du camp qu'est partie l'épidémie qui devait emporter sa femme, soit le lieu même où il contribuait à maintenir des conditions de vie épouvantables pour les détenus. Aurait-il mieux conduit son deuil s'il avait été dans une autre situation professionnelle ? Rien ne le prouve.

L'idée d'une sexualité détraquée pour les gradés ne fonctionne pas non plus. Les officiers de haut rang de l'administration concentrationnaire sont loin du modèle de la séduction en série. Ils nouent des liaisons de loisirs et, certes, entretiennent parfois une maîtresse, à l'image de Himmler, avec sa secrétaire Hedwig Potthast, ou d'Oswald Pohl, le responsable de la gestion économique des camps, lui aussi avec sa secrétaire, Rosemarie Fauler. Gunther Tamaschke, le commandant du camp de Lichtenburg, montre le même tropisme envers son assistante. Höss et Koch, respectivement commandants d'Auschwitz et de Buchenwald, ont aussi été accusés d'avoir des maîtresses. Mais rien qui se rapproche d'orgies véritables.

Höss lui-même s'en est défendu. Dans ses Mémoires, son analyse de la sexualité dans les camps est d'ailleurs si ambiguë qu'elle mérite examen. Le recrutement du personnel était, selon lui, si médiocre qu'il n'y avait rien d'étonnant si les gardiennes montraient une sexualité débridée : « Le niveau moral de nos nouvelles surveillantes était presque toujours extrêmement bas[5] », affirme-t-il, avant de les dénoncer comme voleuses. Il prend notamment l'exemple d'une gardienne qui cachait ses rapines chez son amant, un *Stabsscharfführer*. Découverte, elle fut arrêtée et condamnée à la perpétuité en camp de concentration. Rares étaient selon lui les femmes respectables au sein du personnel ; il dénigrait même la directrice du camp féminin, Frau Langefeld[6]. L'insistance mise par Höss à stigmatiser des femmes n'a rien de fortuit.

Comme d'autres accusés des procès des camps de concentration, sa stratégie consistait à justifier son comportement par l'immoralité radicale des détenus. Tous, martèle-t-il, étaient dépravés et violents. Les femmes particulièrement pouvaient tuer avec une cruauté effrayante leurs semblables. À preuve, continuait le commandant d'Auschwitz, le massacre des déportées du camp de Budy, où les prisonnières désignées comme Kapos avaient liquidé toutes les détenues sous leur responsabilité à coups de gourdin et de hachette. Les Kapos, issues des rangs des droit commun, redoutaient que les victimes, condamnées pour raison politique, ne dénoncent leurs malversations et leur complicité avec les gardes du camp, leurs amants. Après avoir découvert le drame, Höss les avait fait exécuter pour l'exemple.

À l'opposé de la vision de Höss, les déclarations du commandant de Sobibor puis Treblinka, Franz Stangl, et de sa femme à la journaliste Gitta Sereny après guerre donnent une vision dérangeante de la vie intime des officiers dans les camps[7]. L'un comme l'autre soulignent leur difficulté à communiquer, voire à entretenir des relations sexuelles normales, à cause des phases d'extermination. Pourtant, les responsables SS ont tablé sur une demande d'activité sexuelle banale de la part de leurs hommes, comparable à celle d'un jeune homme dans la vie civile. L'état-major SS a donc encouragé la création de bordels pour le personnel des camps, en particulier après 1942. Au contraire des maisons destinées aux travailleurs forcés, situées dans le périmètre desdits camps, sous la surveillance des gardiennes et des gardes, comme ce fut le cas à Buchenwald, il semble que celles destinées au personnel aient été placées hors de l'enceinte. À Auschwitz, par exemple, c'est au centre ville que les SS pouvaient se rendre deux jours par semaine, entre 17 et 23 heures. Ils avaient alors l'exclusivité d'un bordel qui à d'autres moments accueillait des Allemands et notamment des hommes de la Wehrmacht. Une visite médicale était exigée avant qu'on soit autorisé à se rendre dans l'établissement car l'inquiétude régnait quant à la propagation des maladies vénériennes.

Les loisirs sexuels étaient donc pensés comme une manifestation logique de la virilité. D'ailleurs, les auxiliaires féminines SS comme les gardiennes n'en bénéficiaient pas. Il n'existait pas de maison close destinée aux femmes. Cette différence de genre devait accentuer les rumeurs de relations saphiques, éventuellement entre gardiennes et détenues, dont Höss se fit l'écho en espérant ainsi apparaître comme un être « moral »[8]. Il n'ignorait pas que la SS condamnait toutes les relations homosexuelles et que des arrestations avaient été prononcées en 1941. Aux termes de règles adoptées en 1942, les gardes homosexuels avérés étaient directement passibles de la peine de mort[9].

Hermann Langbein, rescapé du camp d'Auschwitz, insiste, lui, sur les relations sexuelles entre SS et détenues. Il précise que les catégories de prisonnières concernées étaient généralement affectées à des tâches qui assuraient une certaine opulence alimentaire. C'étaient pour la plupart des Allemandes, parfois des Polonaises, utilisées dans l'administration ou affectées à des Kommandos moins exposés et mieux fournis en nourriture. Tel était le cas de certaines fonctions agricoles. Langbein le souligne : chez les déportés enfermés dans les camps, les conditions d'existence difficiles avaient souvent pour effet un affaissement du désir, voire une impuissance. Il évoque a contrario une « sexualité de bien nourris[10] », qui impliquait des détenus en contact régulier avec les gardes.

Ce type de relation sexuelle entre prisonniers et gardiens est au cœur d'un scandale qui éclate en 1943 au sein même d'Auschwitz. Il met en jeu le commandant du camp, Rudolf Höss, et plusieurs de ses adjoints, notamment Palitzsch. Ce dernier est accusé d'avoir eu des rapports avec une juive lettone qui exerçait des fonctions administratives. Le scandale, ainsi qu'une accusation de corruption, aurait été dans un premier temps étouffé par le service politique en conflit avec Höss. Palitzsch est cependant nommé dans un autre camp avant d'être radié de la SS, en juin 1944, et muté d'autorité sur le front, où il serait mort. Höss n'est pas épargné non plus par l'accusation. Une enquête de l'Inspection de la SS établit alors qu'il a mis enceinte une des brodeuses qui travaillent dans sa villa, Eleonor Hodys[11], et aurait tenté de la tuer pour éviter des aveux. L'affaire participe du dossier monté contre Höss par ses adversaires de la SS, mais elle n'aboutit pas, sans doute faute de preuves et de témoignages valides. Il en va de même pour d'autres rumeurs de SS ayant abattu ou fait éliminer leurs maîtresses détenues, à l'exemple de Wilhelm Boger, un des responsables du département politique d'Auschwitz. Quelques cas au total, et encore moins qui aient été établis preuves à l'appui. La majorité des militaires et des policiers semble avoir vécu de la même manière que les autres fonctionnaires d'autorité, jeunes et soumis à des mutations fréquentes, surtout dans un pays mobilisé de fait.

Manger et boire pour passer le temps

Une fois regagné son logement en ville, le premier plaisir de Luzie H., une surveillante de Majdanek, est de s'asseoir devant le feu de la cuisinière et de respirer la délicieuse odeur des pommes de terre que lui a préparées la femme d'un officier polonais à son service. Puis Luzie commence à cuisiner des Klösse à la polonaise, ces boulettes de pain et de fécule mélangés à des oignons coupés fins, un de ses plats favoris. À l'intention du mari de sa domestique, elle donne chaque jour des cigarettes et ajoute un morceau de saucisse. Au cœur de la ville, dans un univers agréable, propre et restaurant, à tous les sens du terme, Luzie H. peut se changer les idées[12].

Pour les surveillantes de Majdanek qui résident dans les logements réservés au personnel féminin, la coupure est moins nette. Non loin de leur habitation, elles sentent la présence des détenus.

D'ailleurs, elles croisent régulièrement les prisonniers chargés du nettoyage du bâtiment. Toutefois, elles aussi vivent le passage par la cuisine comme une transition qui libère l'esprit. Les centres d'hébergement possèdent des installations collectives où les gardiennes se retrouvent et échangent des recettes avant de dîner seules dans leur chambre ou toutes ensemble à leur choix, car la liberté des convives et du mode de restauration est complète. À l'occasion, en effet, les surveillantes vont dans les cantines et les restaurants de Lublin réservés aux Allemands, même si les prix n'y sont pas aussi avantageux que ceux offerts par la SS. La sécurité aussi y est moins grande ; or les attentats sont nombreux en Pologne, malgré la répression.

La concentration de l'habitat des SS est donc à la fois justifiée par les impératifs de sécurité et par les motivations tribales voulues par la direction du mouvement. Les casernes des gardes, surtout dans les grands camps, nous l'avons vu, sont organisées sur un modèle classique, avec des horaires de repas dans une cantine collective. Elles fonctionnent suivant un rythme militaire et les jeunes SS jouissent rarement d'une chambre individuelle. Les officiers et sous-officiers affectés dans les camps et refusant un hébergement familial ne connaissent pas non plus l'intimité d'une cuisine où l'on concocte ses mets préférés. Installés dans un foyer, ils ont certes une chambre à eux, mais ils prennent les repas au mess. Ils fréquentent aussi les buvettes à la disposition du personnel dans les bâtiments des SS.

Les conditions de logement expliquent que la gastronomie soit à la frontière du loisir personnel et des rencontres collectives. Car les grandes heures de la vie culinaire ou alimentaire, pour les gardiens de camp, sont plus souvent des moments de partage. À Dachau, alors qu'il n'était que simple commandant du camp, Eicke a imaginé des soirées entre hommes sur le modèle des Bierabend (soirées bière). Il a mis en place le système des cantines bien approvisionnées, servant aux troupes des portions généreuses. On retrouve ici les recommandations du Reichsführer, pour qui les relations entre SS ne devaient pas seulement se limiter au temps de travail ; l'ordre devait aussi être un lieu de camaraderie.

Mais le modèle de sociabilité alimentaire des unités à tête de mort a évolué au fil des ans. À Buchenwald, à partir de 1938, de grands repas collectifs sont organisés dans la zone résidentielle des SS. Koch, le commandant du camp, a fort tôt compris l'importance de ces moments, où il redistribue à ses subordonnés, sous forme de mets et de boisson, une partie de l'argent et des biens qu'il a détournés. De cette manière, il s'assure leur complicité et favorise un esprit de corps. Le premier repas du genre aurait été un dîner en plein air au début de l'été. Ensuite l'habitude est prise et les convives se retrouvent chaque mois. À Auschwitz, Höss impose aussi de grands dîners à ses SS, à partir de 1940. Il utilise ces occasions pour remonter le moral de ses hommes car, au début, le camp offre des conditions de vie inconfortables au personnel isolé en terre polonaise. La cohésion facilite la restructuration de l'établissement et bientôt la politique de germanisation à outrance assure une existence agréable.

Dans tous les camps, les prisonniers, réduits à la portion congrue, sont scandalisés par l'écho des fêtes qui parvient jusqu'à eux. À Buchenwald et à Ravensbrück notamment, ils entendent les rires et les chants quand leur repas consiste en un vague bouillon et du pain en quantité insuffisante. Le scandale est d'autant plus grand que le rationnement imposé à toute l'Allemagne à partir de l'entrée en guerre contre la Pologne a peu d'effet sur les personnels des camps de concentration. À telle enseigne que cette question n'est abordée par aucun des témoins majeurs de l'histoire ; ils font comme si l'alimentation était accessible sans limites. Plus on s'élève dans la hiérarchie, plus cette idée se confirme d'un univers des SS et de leurs auxiliaires qui ne se prive de rien.

Le cas du commandant de Plaszow, Amon Götz, a déjà été illustré au cinéma par Steven Spielberg. Si Götz a fait l'objet d'une documentation particulière, c'est parce qu'il fut condamné pour corruption par la SS elle-même. Il avait à son service personnel des détenues, pour le ménage, la desserte de table et la cuisine.

Plusieurs fois par semaine, il recevait ses officiers et les hommes d'affaires des environs. Il utilisait toutes les ressources du marché noir et puisait au premier chef dans les potagers cultivés dans l'espace concentrationnaire pour se fournir en fruits et légumes.

À Buchenwald, Koch n'est pas moins généreux. Il organise des dîners de prestige avec vins fins et cuisine gastronomique pour ses hôtes de marque. Là comme ailleurs, le service est effectué par des détenus placés à son service personnel. Sa cave est bien fournie en vins : pas moins de six cents bouteilles, dont des grands crus français[13]. Plus à l'est, à Auschwitz, en 1942, Höss reçoit Himmler à déjeuner durant ses visites. Il le convie dans sa villa avec ses collaborateurs. Or, Mme Höss fait prendre toutes ses fournitures dans la cuisine des détenus par les travailleurs mis à sa disposition[14]. Elle ne paie jamais. En fin de repas, les hommes fument des cigarettes ou des cigarillos, puisque l'administration centrale des camps leur en envoie à la demande[15].

En de telles occasions, nul n'exige des invités les tickets de rationnement pourtant obligatoires. Il en va de même quand les commandants invitent les hauts responsables militaires, en particulier de la Luftwaffe, qui, à partir de 1944, fournit d'importants contingents pour surveiller les camps. Tous savent qu'ils jouissent des fruits d'une exploitation exercée aux dépens des ennemis du Reich. Par contraste, les demandes de tickets pour les déjeuners de travail à la chancellerie du Reich devaient paraître mesquines. Elles préservaient cependant l'apparence de la légalité, malgré les dépassements de portions repérables sur les menus et les bons de commande.

Grâce à l'exploitation des détenus, l'économie des camps est plus fastueuse que celle de l'Allemagne. Elle permet de dégager d'importants surplus qui profitent prioritairement au personnel. D'abord parce que les camps sont des espaces de production agricole : tous utilisent les prisonniers pour la culture de légumes, de fruits et la production de viande. À Buchenwald, une basse-cour, des clapiers à lapins et une vaste porcherie ont été bâtis. Cette dernière compte plusieurs centaines de bêtes, tout comme celle d'Auschwitz qui est aussi, rappelons-le, une ferme expérimentale. De nouvelles espèces sont développées et cette partie finit par devenir un véritable camp en soi, celui de Rajsko, dirigé par Joachim Caesar, un agronome. À Ravensbrück, les Kommandos masculins exploitent de larges parcelles. De leur côté, les Kommandos féminins sont chargés des potagers. Les prisonniers parviennent parfois à chiper un légume ou une racine, moyen de survivre malgré les efforts fournis pendant la journée. S'ils sont pris ou dénoncés, ils risquent la peine de mort. La mère de Simone Lagrange, une jeune Lyonnaise déportée à Auschwitz, est gazée pour avoir soustrait des feuilles de chou[16].

Les SS complètent leur approvisionnement soit par l'intermédiaire du département de gestion du camp, soit en utilisant des hommes de paille. Koch, par exemple, a chargé un de ses sous-officiers, Hans Schmidt, de toutes les fournitures exceptionnelles. Il est autorisé à voyager en voiture et en civil pour le service afin de remplir ses fonctions de fourrier. Les biens saisis sur les prisonniers et les sommes détournées complètent l'économie souterraine de troc et de trafic qui fait des camps des lieux d'une rare opulence.

Le menu type proposé par les mess des officiers dans les camps de concentration retrouve la tradition des repas allemands : volaille en entrée, grande escalope (*Schnitzel*), dessert accompagné de vins et d'un digestif[17]. Toutefois, ces établissements fonctionnent comme de véritables restaurants. Ils proposent une carte et des menus pour un prix modique : entre 60 et 75 pfennigs à Buchenwald. Les repas sont aussi accessibles aux épouses des gradés qui peuvent se faire servir à domicile. Manger devient ainsi une activité festive, encore plus roborative pour les officiers que pour les hommes de troupe de la caserne, soumis au régime du menu unique.

Les sociabilités autour de la table sont favorisées par l'abondance. Imaginées comme un mode de construction de l'ordre SS, une manière de faire corps, les soirées sont aussi un temps de défoulement et de rupture momentanée des conventions. Notamment en territoire occupé, elles décrispent les relations hiérarchiques. La consommation d'alcool y est encouragée. Boire, c'est célébrer, mais pas seulement. Des rations supplémentaires sont distribuées à titre de récompense, soit pour des actions violentes, soit pour un travail mené à bien[18]. Alcool pour ceux qui exécutent des déportés, pour ceux qui entravent une évasion, pour ceux qui obéissent avec zèle. L'habitude est si bien ancrée qu'à Ravensbrück, la préparation de ces suppléments de boisson pour les exécuteurs à la cantine SS est devenue pour les détenues l'indice d'une liquidation de masse à venir[19].

L'alcool recouvre évidemment des dimensions personnelles. Le Dr Clauberg, responsable des recherches médicales d'Auschwitz, en est un bon exemple. Cet homme de petite taille – il mesure 1,54 m – triche sur les résultats de ses recherches pour conserver la confiance de Himmler, son protecteur. À force de se rassurer par la bouteille, il en est devenu dépendant. Clauberg cherche refuge dans la boisson à cause de sa vie amoureuse instable et de son caractère violent. Encore étudiant, il a été accusé de meurtre et libéré pour légitime défense. Mais plus récemment, il a menacé sa femme à coups de fusil et frappé sa maîtresse de coups de couteau. Il n'empêche, il partage la table et les liqueurs avec les officiers qui commandent à Auschwitz, sitôt qu'une fête est organisée.

Le sevrage est parfois nécessaire quand les hommes se laissent aller, en particulier à la fin de la guerre. Les ordres des Kommandanturs interdisent certains soirs l'usage de l'alcool, afin que le service n'en pâtisse pas. C'est le cas notamment pour les groupes de gardes pendant la période des fêtes de fin d'année. En décembre 1943, ému par les excès, le commandant d'Auschwitz successeur de Höss, Arthur Liebehenschel, exige que des boissons non alcoolisées soient servies durant les fêtes pour éviter les débordements. Il est peu probable que ses ordres aient été suivis à la lettre. D'ailleurs, après lui, les nouveaux responsables, Baer et Höcker, l'année suivante, préviennent les SS de faire attention à la nature des boissons qu'ils consomment : des Polonais auraient mis en vente un schnaps frelaté contenant du méthyle ; plusieurs consommateurs en seraient morts ou devenus aveugles. En décembre 1944, en dépit des avertissements, l'alcool a gagné. La police militaire SS procède à des arrestations pour ivresse et met les hommes au bloc, le temps qu'ils dessaoulent, car ces inconduites sont rarement sanctionnées. Si le corps de la SS, dans son ensemble, admet l'ivresse, cela est davantage lié à la vertu grégaire des libations. L'alcool relève des méthodes d'incorporation, voire d'embrigadement. Boire, fraterniser, entonner les chants de l'ordre SS… Autant de pratiques qui depuis des générations assurent la cohésion des armées. La Wehrmacht fournit d'ailleurs aussi ses hommes abondamment en alcool, signe que le procédé n'est pas propre à la SS.

L'emprise de la boisson n'affecte pas uniquement les bourreaux chargés des tâches de liquidation et d'extermination. Les auxiliaires féminines de la SS, les surveillantes, tout comme les épouses des cadres, s'enivrent aussi. Les femmes de SS habitant le lotissement d'Auschwitz réservé aux fonctionnaires se voient presque tous les après-midi. Le jeudi, par exemple, on se rend au numéro 33 de la Lagerstrasse (la rue du Camp), chez Hildegard Bischop[20], l'épouse du Sturmbannführer Bischop, numéro deux du service des bâtiments et constructions (qui inclut les chambres à gaz et crématoires...). Les jeunes femmes mangent des pâtisseries, jouent aux cartes en buvant de la vodka. Mme Bischop aime d'ailleurs tant l'alcool qu'elle s'absente de son domicile quand son mari est en mission pour aller boire au foyer SS. Son désœuvrement explique sa tendance à rechercher l'ivresse. Elle ne s'occupe guère de son seul enfant, confié à une jeune Polonaise, travailleuse forcée. Boire, cela sert aussi à faire passer le temps des femmes et des hommes...

Les cadres de la SS comme Himmler, Eicke et Pohl avaient anticipé les difficultés imposées par la vie de camp, qui mêlaient à la fois les contraintes de la caserne, celles d'un espace pénitentiaire et une ouverture sur le monde et les familles. En restant dans un milieu cohérent, en arrivant dans leurs chambrées ou en revenant dans les lotissements à leur disposition, les femmes et les hommes partageaient d'autres expériences. Ils devenaient amis, parfois amants. Par les sentiments ils se confortaient dans leur mission. L'élite national-socialiste formait une véritable tribu dont les croyances et les idéaux n'étaient pas remis en cause par une expérience contradictoire du monde. Tous pouvaient ainsi garder le silence et maintenir le secret sur les violences et les injustices des systèmes de détention et d'extermination. Car, dans le cercle concentrationnaire, tous partageaient la connaissance de la mort de masse. En orientant les activités extraprofessionnelles, les dirigeants songeaient que leur caractère anodin serait rassurant pour les bourreaux. La dimension brutale de leur action serait noyée sous la banalité du reste de leur vie. Dans les camps, les surveillantes et les gardiens combattaient les ennemis du Reich et du Führer, comme les soldats sur le front. Leur violence exceptionnelle disparaissait à leurs propres yeux.

V

Distraire les bourreaux

Le 9 novembre 1940, depuis Oranienburg, juste à côté du camp de Sachsenhausen, les responsables de l'administration concentrationnaire envoient une lettre au commandant du « camp de travail » de Groß-Rosen. Il s'agit d'un questionnaire en six points auquel il est prié de répondre instamment :

« 1°) Les hommes SS reçoivent-ils gratuitement la presse quotidienne ? Reçoivent-ils gratuitement des publications de la SS ou de la police ?
2°) Combien d'appareils de radio, d'harmonicas et de jeux de société sont disponibles ? Qui en sont les propriétaires ? Quels sont les modèles, les numéros, le voltage, l'état, les particularités ?
3°) Les hommes auront-ils régulièrement des conférences sur la politique et la vision du monde ? De qui et à quelle fréquence ?
4°) Un des membres de la SS a-t-il spécifiquement la charge de la formation à la vision du

monde et à la politique ? A-t-il déjà effectué des tâches de responsable de formation dans la SS ?
5°) Est-ce que les *Lettres de soldat* sont connues et utilisées parmi les hommes ?
6°) Quels souhaits ou prescriptions en matière de formation à la vision du monde et des distractions des troupes sont formulés[1] ? »

La lettre est symptomatique d'une nouvelle politique de gestion des SS qui se met en place à la faveur de la guerre. D'autres responsables de camp l'ont reçue[2]. Tous répondent rapidement et, le 14 novembre, le bureau central demande au département de formation de la SS, pour les 130 hommes de Groß-Rosen, une subvention de 500 Reichsmark afin de garantir l'achat d'environ cent vingt livres. L'Inspection des camps tient un nouveau domaine d'action[3].

Jusqu'en 1938, l'Inspection des camps de concentration, l'IKL, était restée une petite administration[4] ; une dizaine d'hommes assurait le service autour de Eicke. Mais à partir de cette année les effectifs passent à 45 hommes. Eicke décide alors de regrouper ses collaborateurs en sous-services. Chacun d'eux devra traiter les décisions de son secteur, sous son contrôle. Le premier secteur est un bureau politique, le deuxième s'occupe de gestion et le dernier aborde les questions médicales. En 1939, Oswald Pohl, le responsable de la gestion pour toute la SS, entend affirmer la primauté de son secteur en faisant des commandants de camp les responsables de l'économie concentrationnaire. À partir de ce moment, les camps deviennent des unités de production autant que des espaces de répression. En créant un lien direct avec les commandants, il tente d'imposer sa tutelle à l'Inspection des camps, et garantit que son bureau de construction suivra le développement des zones de détention et des logements. Pourtant, l'Inspection des camps demeure directement soumise à Himmler. La même année, le déclenchement de l'invasion de la Pologne et l'entrée dans une nouvelle grande guerre incitent Eicke, le chef de l'IKL, à demander un commandement militaire. Il est nommé général de la nouvelle division à tête de mort de la Waffen SS et part pour le front. Pour lui succéder, Himmler décide, en novembre 1939, de promouvoir un de ses proches collaborateurs, chef de bureau des inspecteurs des troupes de surveillance depuis 1936, Richard Glück. Glück est né la même année qu'Adolf Hitler, en 1889. Il a trois ans de plus que Pohl, pourtant son supérieur hiérarchique. Les deux hommes s'entendent pour assurer leur ascension en accroissant le rôle des camps de concentration dans le dispositif de la Waffen SS et en gérant au plus près les avantages de leurs subordonnés.

En 1940, tous les camps dépendent exclusivement de la Waffen SS. Himmler a ordonné à tous les responsables SS de ne plus créer de camp sans son autorisation expresse[5]. Finies les initiatives personnelles des officiers en territoire conquis. Les nouvelles entités mises en place par la direction centrale de la SS sont placées sous le contrôle exclusif de l'Inspection des camps : Stutthof, Auschwitz, puis Groß-Rosen, dont il est question ici. Ce dernier camp a pour objectif l'extraction et la taille du granit. Il accueille ses premiers détenus, sous les ordres d'un sous-officier SS, au mois d'août 1940. D'autres camps s'ouvrent et développent rapidement leurs effectifs à Natzweiler, Hinzert, Wewelsburg. Les victoires successives de la première moitié de la guerre et les conquêtes augmentent mécaniquement le nombre des adversaires du régime et les ennemis dits de race sous la domination allemande. Il faut donc augmenter les capacités des lieux de détention et développer leur personnel.

Devant l'afflux des gardiens de camp de la Waffen SS, Glück et Pohl saisissent l'occasion d'accéder à de nouveaux moyens pour rationaliser leur temps libre et celui des troupes de surveillance. Les régiments à tête de mort dont ils sont issus sont considérés au même titre que les unités du front. Au sein de l'IKL, un bureau, l'Abteilung VI, est chargé de suivre la question sous la houlette de l'Obersturmführer Severa.

Un véritable circuit de fournitures de distractions est mis en place. Il suppose des demandes de matériel auprès de la Waffen SS et du ministère de la Propagande. Ensuite les moyens sont mis à la disposition des camps, via l'Inspection et le bureau de formation. Finalement, chaque camp paie les factures. Une fois encore, l'exploitation des détenus et l'extermination des victimes améliorent les conditions de vie des geôliers mais, cette fois, pour assurer leurs loisirs.

Le questionnaire adressé aux commandants en novembre 1940 reflète une double logique. La première, qui se déploie tout au long de la guerre, est celle de la formation à la Weltanschauung, la vision du monde. Elle nécessite la mise en place de cours et de conférences, mais aussi l'acquisition de livres et de cahiers de formation. La seconde est plus récréative puisqu'il s'agit d'envoyer des moyens de se distraire aux hommes de troupe. Les harmonicas cités dans le texte en sont un parmi d'autres. Mais une troisième logique est perceptible qui renvoie à la ritualisation de la vie des SS : la mise en place d'un décorum qui symbolise les engagements de l'État national-socialiste. Même s'ils figurent parmi les distractions pour les troupes, les drapeaux à croix gammée et les bustes des dirigeants ne sont aucunement à prendre avec le sourire. Ils s'intègrent dans la religion politique de l'ordre et participent à ces cérémonies qui vont de la naissance au mariage et pendant lesquelles les gardes effectuent la recharge de leurs croyances[6]. En somme, dans les loisirs, l'idéologie n'est jamais loin. Que ce soit la pratique de la musique, les jeux ou le sport, les choix de l'Inspection des camps de concentration favorisent un esprit de corps.

LA MUSIQUE N'ADOUCIT PAS TOUTES LES MŒURS

En 1942, le gestionnaire de Neuengamme équipe le camp d'un piano. Il s'agit d'un modèle – fort onéreux – de la firme Völker de Hambourg[7]. Rien n'explique pourquoi ce établissement se dote d'un instrument si cher alors que souvent les hommes de l'administration doivent justifier auprès de leurs supérieurs des achats pour des montants bien moindres, en particulier quand il s'agit d'un livre. En novembre 1944, un autre piano est acquis via l'IKL ; il ne semble pas avoir été attribué à un camp en particulier, mais serait resté à Oranienburg, au siège de l'administration centrale[8]. La musique jouit d'une grande légitimité dans l'esprit de l'Inspection des camps, mais assez loin du stéréotype véhiculé dans des livres comme *Les Bienveillantes* de Jonathan Littell : l'homme en noir disposant aisément d'un piano dans le foyer SS et faisant jouer un jeune captif pour son plus grand plaisir.

En fait, le gardien mélomane est un homme qui joue d'instruments bon marché, plus légers. Il doit privilégier une pratique collective et gaillarde de la musique plutôt qu'un sentiment romantique de sa solitude. Au hit-parade des instruments, les *Harmonicas* viennent en tête. Le terme a un sens différent en allemand à l'époque, car il recouvre tout ce qui produit des sons harmoniques, des combinaisons de notes. L'instrument dans lequel on souffle et on aspire que nous associons aux westerns et au blues se nomme *Mundharmonica*[9]. Dans l'Allemagne nazie, il évoque le voyage et renvoie à la culture des marins et des soldats de la Première Guerre mondiale. Aussi populaires parmi les SS, en particulier chez les hommes des casernes, les *Handharmonicas* et les *Ziehharmonicas*[10] sont des types d'accordéons avec des claviers différents, qui produisent à la fois la mélodie et son accompagnement. L'un des fournisseurs attitrés de l'Inspection des camps est une des plus anciennes fabriques d'accordéons d'Allemagne, la firme Ernst Hess. Depuis 1872, elle commercialise des *Handharmonicas* et, dans les années 1930, elle connaît un grand succès en étendant la gamme de ses produits et en passant notamment aux instruments en métal. La Ersnt Hess se voit donc commander plusieurs dizaines d'exemplaires afin de satisfaire la demande des camps. Elle fournit une garantie pour tous les accordéons et des conseils de tests après livraison[11]. Tous les responsables en veulent pour leurs hommes.

Des photographies montrent effectivement les gardiens et les SS en train d'en jouer. Sur l'album Höcker, une séquence met en scène un accordéoniste SS, en bras de chemise, qui accompagne une excursion de jeunes auxiliaires à la Sola Hutte, cette cabane construite par les prisonniers dans la montagne, au nord du camp d'Auschwitz, pour la détente du personnel.

C'est Franz Hössler, un officier, qui en a supervisé la construction. Il figurera bientôt sur les photos aux côtés de Höss et de Höcker. Ce dernier accompagne en chantant l'accordéoniste.

Mais la question pratique n'explique pas à elle seule le choix d'un instrument. La direction du parti nazi procède aussi à une lecture idéologique. Depuis les années 1920, l'harmonica par exemple a la faveur des milieux nazis pour son passé d'ancien combattant. À l'inverse, ils exècrent les trompettes de Martin, également bon marché, mais qui ont été massivement adoptées par les fanfares communistes, à cause de leur son tonitruant. Ils ont donc interdit son usage au sein du mouvement national-socialiste et pratiquement dans toute l'Allemagne depuis la prise de pouvoir. Les trompettes en général[12], il faut d'ailleurs le préciser, sont peu demandées par les membres des unités à tête de mort, tout comme les saxophones[13]. La haine nazie du jazz a pu jouer un rôle. Car nul n'ignore que cette musique, en particulier dans sa version hot, est considérée comme dégénérée, une « musique de nègre », comme le proclamait une affiche de propagande dès 1935.

Des détenus ont aussi manié l'accordéon dans les camps. À Dora, par exemple, au printemps 1944, dans un des Kommandos détaché dans un village, tous les soirs, les prisonniers jouent de la musique sous l'œil amusé des passants et des gardiens. Or, à l'arrivée, ils étaient en général dépouillés de leurs effets personnels, en particulier dans le cadre du travail forcé. Rares étaient les musiciens qui pouvaient conserver leur instrument. Il est donc possible que des gardes aient fourni des accordéons, en particulier à des Allemands, soumis à un régime moins sévère.

Viennent ensuite les cordes. Dans les armées de l'époque, la guitare, déjà en faveur dans les milieux populaires, est un classique. Plus surprenante, la cithare est en vogue parmi les SS. Très prisée dans les Balkans, son nom est d'origine germanique. En jouer est devenu une tradition dans les Alpes, le Tyrol, et la Bavière en connaît aussi l'usage. Or, la SS a beaucoup recruté dans ces régions, tant en Allemagne qu'en Autriche. Il est donc logique que des hommes s'y exercent, reprenant la tradition musicale allemande qui est la référence suprême de l'ordre noir. Enfin, comme pour faire mentir le capitaine Corelli[14], dans les camps de concentration, ce sont des Allemands qui jouent de la mandoline. Signe de leur importance, lorsqu'une mandoline est égarée par le camp de Neuengamme, un courrier est immédiatement adressé à l'administration centrale. Finalement, elle est retrouvée et rendue au camp. Elle avait été rangée par mégarde dans une armoire à musique qui avait été déménagée[15].

Les notes de violon accompagnent-elles celles des cithares et des mandolines ? C'est possible d'après les envois groupés de l'IKL à différents lieux de détention. Dans un document du

31 mars 1942, les fonctionnaires locaux du camp de Mauthausen récapitulent leurs demandes en matière de distraction pour les troupes. Ils veulent montrer leur zèle à bien servir les hommes. La commande intervient alors que le front russe s'enlise et que le travail des Waffen SS, liquidation comprise, commence à entrer dans une semi-routine. La livraison a lieu à l'hiver 1941-1942, alors que les troupes subissent un long cantonnement. Les camps profitent à ce moment-là d'une campagne d'équipement qui vise toute la Waffen SS. Le rythme est moins celui du système concentrationnaire ici que celui de la guerre. Pour Mauthausen, il s'agit de fournir du matériel pour les dix *Einheiten* (unités) de Waffen SS qui forment la garde du camp. Le budget initial pour les livres et les instruments de musique est du même ordre : 6 000 RM pour les uns et 5 600 pour les autres. Mais les livraisons de la firme Heidegger de Linz n'atteignent pas ce montant : 1 337,70 RM pour la musique et 2 638,47 pour les livres, soit des fournitures diminuées de moitié par rapport aux demandes, et une prime accordée à l'écrit. Le tableau ci-dessous place en regard la commande et la livraison. Il nous donne une idée des ensembles musicaux qui ont pu être constitués et de la coexistence de pratiques individuelles : les demandes de cithare et de mandoline se font à l'unité.

La commande de Mauthausen et la livraison
par l'administration centrale

Instrument	Demande	Prix supposé	Livré	Prix (RM)
Violon et étui	20	1 200 RM	16 violons	802,70
Guitare	5	300 RM	1 cithare	38
Mandoline et cithare	5	40 RM	2 guitares	113
Handharmonica (accordéon)	30	3 600 RM	5 mandolines	233,40
Mundharmonica (harmonica)	100	300 RM	80 Mundharmonicas	150

Les accordéons n'ont pas été livrés et cela explique la baisse de la facture. Il est possible qu'ils soient arrivés plus tard. La demande et la livraison indiquent cependant une prime aux instruments d'accompagnement du chant. Au camp d'Arbeitsdorf, par exemple, la livraison d'un accordéon va de pair avec celle de 40 livres de chant (*Liederbücher*)[16].

Il faut ainsi replacer le jeu musical dans la pratique gestionnaire de la SS. Les accordéons, en effet, sont le seul instrument pour lequel les fonctionnaires de l'IKL aient jugé nécessaire de procéder à un récapitulatif complet par camp. Il date vraisemblablement du début de l'année 1942 et reflète sans doute les livraisons. (Il indique au passage que Mauthausen a reçu des accordéons.)

Les accordéons
dans le système concentrationnaire SS[17]

IKL	1
Auschwitz	15
Buchenwald	11[18]
Dachau	7
Flossenbürg	5
Hinzert	1
Natzweiler	5
Neuengamme	7
Mauthausen und Gusen	13
Ravensbrück	8
Sachsenhausen	14
Wewelsburg	5
Groß-Rosen	4
Lublin	3

La centralisation manifestée par ce récapitulatif indique que la direction de la SS a encouragé l'utilisation de cet instrument d'accompagnement. Il était nécessaire que toutes les casernes en soient pourvues. Chanter, au sein de l'ordre noir, est une activité à mi-chemin de la détente et de l'endoctrinement. Car les chants SS ont été composés avec des objectifs de mobilisation et de préparation à l'affrontement. Ils servent un projet intégrateur ; ils rassurent en somme sur la santé collective.

À en croire les commandes de *SS Liederbücher*, pratiquement tous les hommes disposaient de ce petit livre pour être capables de participer à une chorale ou à l'une des multiples cérémonies, tel le mariage, où le chant s'inscrit dans le rituel[19]. À Buchenwald, par exemple, la Kommandantur réclame en juin 1942 280 nouveaux recueils de chansons SS pour les 5 compagnies[20]. À Sachsenhausen, en prévision des fêtes de fin d'année, 400 *SS Liederbücher* sont envoyés[21].

La place du chant explique finalement la faible diversité des instruments de musique achetés pour les gardes. Peu de percussions, de rares tambours, et encore pas dans tous les camps. On ne trouve pas non plus de guimbardes, tambourins ou cazous. Et les flûtes ne sont guère commandées en masse. Étaient-elles considérées comme trop simples ou vulgaires ? Était-il difficile de les intégrer à un orchestre ? Dans tous les cas s'impose l'impression que les groupes musicaux parmi les gardes n'étaient pas des ensemble instrumentaux complets. Ils ne remplissaient pas une véritable fonction de fanfare. Pas question d'écarter les hommes de leur travail. Jouer de la musique était une distraction. Il ne fallait pas créer une passion, un moyen pour un individu ou un petit groupe de s'isoler de ses camarades.

Privés de musiciens professionnels, les gradés des différents camps étaient tentés d'organiser des orchestres de détenus artistes. Dans la mémoire des camps, en effet, le souvenir de ces formations occupe une place centrale. Sans doute parce que leur existence dans ce contexte terrible constituait un paradoxe[22]. À Auschwitz, l'orchestre de détenus du camp n° 1 est né en janvier 1941. Tout au long de la guerre, les concerts ont lieu le dimanche, sur l'esplanade derrière le Block 24. Beethoven, Schubert, Bach sont au programme. Bientôt, en 1942, un second orchestre est créé à Birkenau, notamment avec des anciens du camp n° 1. Les musiciens sont mieux traités par les gardiens qui, en échange de leurs services lors des fêtes, leur donnent des rations de schnaps. En 1944, même les camps industriels du complexe d'Auschwitz disposent de leur propre formation.

Des ensembles plus petits ont même joué des mélodies sud-américaines. Ce fut le cas de l'orchestre qui accueillit le jeune Coco Schumann, un des pionniers du swing allemand, enfermé à Theresienstadt puis déporté à Auschwitz. Plus tard, il a expliqué que les gardes demandaient souvent à son groupe de jouer *La Paloma*, afin de rassurer et de tromper les prisonniers qui marchaient vers la chambre à gaz[23].

Le plus marquant de tous les orchestres est à l'époque l'ensemble du camp féminin de Birkenau, supervisé par la surveillante en chef Maria Mandl, émue aux larmes par le grand air de *Madame Butterfly* de Puccini. Il est dirigé par une prisonnière juive, Alma Rosé, qui organise deux concerts par semaine. La formation commence avec des instruments saisis sur des juifs assassinés. Franz Hössler, le responsable de la sécurité, leur en fournit ensuite des neufs. Dans le public, des déportées, des gardiennes et des

SS. Les prisonnières racontent qu'un jour Alma Rosé, forte de son audience, aurait enjoint à deux surveillantes agitées de se taire avant de poursuivre le concert.

Des jeux pour ne pas s'énerver

Parmi les chants du *Liederbuch* de la SS figure le *Jetzt kommen die lustige Tage* (Maintenant viennent les jours heureux[24]). Dans le recueil, il est illustré par une gravure qui représente un verre et une cruche et au premier plan un gobelet dont s'échappent des dés. Boire en jouant, voilà le programme d'une bonne soirée selon la direction de la SS. Logiquement, elle met quantité de jeux à la disposition de ses hommes.

« Mon vieux, ne t'énerve pas ! », en allemand *Mensch ärgere dich nicht !*, désigne un jeu. Joseph Friedrich Schmidt l'aurait mis au point au début du siècle et lancé en 1914. La règle n'est pas inconnue en France, puisqu'il s'agit des petits chevaux. C'est un jeu de dés auquel deux, trois ou quatre joueurs peuvent participer. Chacun possède quatre pions et doit les conduire le long d'un parcours avant de les aligner dans la maison. Dans la version française, l'objectif est de sauter par-dessus les pions adverses pour arriver plus vite. L'intitulé allemand insiste sur la possibilité de renvoyer au départ un concurrent quand on tombe sur la case où il avait un pion. Un jeu intermédiaire entre la course et la bataille, tel est le classique envoyé dans les casernes SS pour passer le temps.

Et il n'est pas le seul. Toute une panoplie de jeux de société est adressée sur demande aux Kommandanturs et aux gestionnaires locaux. *Fang den Hut*, lancé en Allemagne en 1927, diffère de *Mensch ärgere dich nicht !* moins par la stratégie que par le design : les pions, en forme de petits chapeaux, peuvent s'empiler ; le plateau est rond avec une croix centrale.

À côté de ces jeux au caractère presque enfantin sont proposés les classiques universels : les échecs et les dames. Leur grande vertu est d'être largement connus des hommes, de permettre l'adaptation de la durée de jeu au temps disponible. Leur caractère international est un autre atout. Ils sont aussi connus des étrangers, notamment des Ukrainiens qui ont été incorporés dans la Waffen SS et placés dans les camps.

Le passe-temps le plus répandu ce sont évidemment les cartes. Elles sont livrées par dizaines de paquets dans les casernes. Différents types sont d'ailleurs disponibles, qui correspondent à différents emplois. Les *Skatkarten* arrivent en tête. Le Skat est un ancien jeu allemand, apparu officiellement en Thuringe dans les années 1810. Son histoire est liée à celle de l'Allemagne puisque l'unité allemande a favorisé sa diffusion. Sa très grande popularité parmi les soldats naît pendant la Première Guerre mondiale. C'est à ce moment que se sont unifiées les différentes variantes régionales. Le jeu ressemble à la belote avec le choix d'une couleur pour atout. Mais il se rapproche aussi du tarot, car deux cartes sont mises de côté. Le tarot d'ailleurs est pratiqué par les gardes, mais dans une moindre mesure. On aura compris qu'il ne s'agit pas du tarot divinatoire mais du jeu avec ses atouts qui forment une couleur à part. Les Romkarten ou Roma ou le Doppelkopf permettent de jouer tout en discutant. À suivre les commandes, il ne semble pas que les jeux d'argent comme le poker ou le baccara aient été stimulés par les propositions de la SS. S'agissant du poker, sa réputation de jeu américain ne devait pas favoriser sa pratique. Surtout, les jeux de cartes en usage dans les camps paraissent plus cohérents avec les objectifs de l'ordre noir. Ajoutons que leur faible coût est une raison supplémentaire pour expliquer que la Waffen SS ait largement diffusé cette distraction. Les cartes pouvaient de plus servir de vecteurs aux idées antisémites. Un des jeux classiques de l'époque est un équivalent germanique du « pouilleux ». Les joueurs tirent une carte dans le jeu de leur voisin et éliminent les couples de cartes jusqu'à ce qu'il n'en reste plus qu'une, la « Jude » (Juif). Celui qui l'a en dernier a perdu. On ne sait pas si à l'époque il existait un épilogue « massacreur » pour ce pouilleux.

Dans leur quête de distractions, les SS peuvent utiliser des boîtes de jeux complètes (*Spielmagazin*). Ils se familiarisent avec les règles grâce à des livres de jeux spécialement conçus pour le public militaire, les *Soldatenspielbücher*.

Les jeux particulièrement chers sont moins diffusés au sein de la SS. Le billard, par exemple, est très rare dans les foyers, y compris ceux des officiers et des sous-officiers. Les synthèses des commandes et les relevés de réception de l'administration concentrationnaire en font apparaître seulement 4 pour 23 sites. Ce sont des billards à trous, autrement dit des billards américains ou anglais, lesquels ont été commandés à des firmes locales, comme celui du camp de Neuengamme qui provient de Hambourg et a coûté 600 Reichsmark.

Au rayon des particularités, une archive précise qu'il a été livré au camp de travail installé dans le château de Garlitz un puzzle deux-en-un. Le puzzle n'est pas vraiment un jeu collectif, même si parfois il peut servir de support à un groupe restreint de convives. Les autres jeux livrés dans la commande d'octobre 1943 de Garlitz ont une orientation, certes classique, mais un peu plus élégante qu'à l'habitude : deux jeux d'échecs, une marelle (!), un jeu de dames, deux jeux de Doppelkopfkarten, deux de Romkarten[25]. Cela peut paraître peu, mais tous les camps ne sont pas aussi bien lotis en matière ludique. Les fournitures les plus nombreuses et le plus large choix vont aux plus anciens, ceux où sont stationnés des effectifs importants.

Buchenwald, à cet égard, est très bien pourvu. Son fonds a débuté avant la guerre. Les distractions ont ensuite bénéficié des programmes militaires. Et il reçoit encore des dotations en janvier 1944. Sans doute les jeux collectifs étaient-ils endommagés ou « empruntés »[26]. L'envoi, tardif donc, vient compléter un stock déjà important. Il est représentatif des dotations des principaux camps : 4 boîtes de jeux, 2 échiquiers, 2 dominos, 1 Universalspiel, 2 Mensch ärgere dich nicht !, 4 ensembles de dés et jetons, 4 autres jeux de dés, 2 tennis de table, 4 gobelets à dés, 8 jeux de cartes pour le Skat, 4 jeux de cartes Doppelkopf, 4 Roma, 1 tarot, 4 fléchettes, 1 jeu de quilles, 4 damiers[27]. Buchenwald bénéficiait aussi d'un billard. On notera que le tennis de table n'est pas classé avec les demandes de sport. Il reste le *Ping Pong Spiel* qui amusait les classes aisées au moment de la Grande Guerre.

Les jeux ne sont pas seulement destinés aux gardiens et aux Waffen SS des camps. S'ils sont malades, atteints par la diphtérie, en dépit des vaccinations, ils peuvent les retrouver à l'hôpital des troupes. Car là aussi, l'IKL fait livrer des jeux : « 3 jeux de dames, 3 *Mensch ärgere dich nicht !...*, 1 tennis de table[28]. » Là encore, le tennis de table est ramené à un jeu, une activité sans effort physique, même malade le SS peut y jouer !

Les choix de la SS sont sans équivoque. Ils renvoient à une volonté de maintenir et d'amplifier la qualité du matériel humain de l'ordre. Les jeux ont donc une fonction d'entretien du potentiel, manifeste dans le mot *Unter-*

haltungsspiele[29] (jeux d'entretien) qui recouvre les commandes de jeux et les cahiers de formation. Il s'agit de pousser les hommes à améliorer leurs qualités intellectuelles. Le pendant de cette hygiène morale est dévolu au sport.

GARDER UN CORPS SAIN : LE SPORT

Dès leur conception, les résidences SS étaient conçues pour être de petites villes jouissant de leur autonomie et assurant le meilleur confort à leurs occupants. Le sport n'était pas oublié. Stades, gymnases et terrains de sport en extérieur sont intégrés. Dans les années 1930 en Allemagne, le sport recouvre des logiques cumulatives mais distinctes. Il est d'abord un moyen de maintenir en état des hommes qui risquent de rejoindre des unités combattantes à un moment de leur carrière. Les gardes et les surveillantes entretiennent donc leur valeur guerrière, comme lorsqu'ils participent aux exercices de tir. La gymnastique corrective avec des medicine-balls ou avec des poids relève du même effort. La musculation oscille entre la fabrication d'un corps conforme à l'idéal de l'homme nouveau et la correction de problèmes musculaires. En travaillant avec des poids, les hommes compensent les heures d'immobilité des factions sur les miradors ou aux postes de garde. Cela complète les marches lors des patrouilles. Le sport est ensuite un moyen de mobiliser les hommes dans un effort collectif. C'est le cas du football ou du handball qui nécessitent la composition d'équipes, une préparation, des entraînements, et donc une mobilisation plus large que les seuls joueurs. Les SS sont volontiers spectateurs de leurs équipes et les accompagnent lors des déplacements. Le sport est enfin le moyen d'introduire un esprit de compétition. Les équipes SS des camps prennent part à divers championnats impliquant d'autres organismes proches, comme la Luftwaffe ou la Wehrmacht, ou tout simplement d'autres sites gérés par l'IKL. Les camps du gouvernement général de Pologne s'affrontent ainsi à plusieurs reprises au football dans un mini championnat.

Le handball, bien qu'inventé en Allemagne, semble moins populaire. En témoignent les moindres commandes de ballons et de maillots. Signe d'une époque, le basket-ball est totalement absent. Il reste un sport local américain, étranger au Reich.

Outre les sports collectifs, plusieurs activités individuelles sont favorisées. L'escrime en fait partie. Himmler, rappelons-le, s'était essayé au sabre alors qu'il était étudiant. Reinhard Heydrich, le chef de la Gestapo, un des proches de Himmler, a, lui, pratiqué l'épée à haut niveau. Dès 1935, Koch a favorisé la création d'un club dans l'enceinte du camp de Columbia, à Berlin, dont il était le directeur. En décembre 1941, le bureau central de la Waffen SS reçoit un matériel considérable : 44 fleurets, 16 gants d'escrime et

20 masques, de quoi organiser un petit cercle[30]. Car le fleuret est par excellence l'arme d'initiation à l'escrime, même si le corps des SS privilégiait plutôt le sabre, ce qu'attestent les photographies de Koch dans les années 1930[31]. Dans tous les cas, on comprend aisément que les dirigeants de la Waffen SS aient souhaité favoriser la pratique d'un sport de combat. D'ailleurs, dans les Napolas, les écoles SS, les futurs membres de l'ordre noir étaient initiés à l'art de la fente, de la sixte et de la quarte.

Les SS comme toute l'Allemagne nazie sont passionnés de boxe anglaise. Plusieurs camps reçoivent des gants et des punching-balls. La boxe est un des sports portés aux nues par le régime. Elle fait l'objet d'une intense propagande, notamment autour de Max Schmeling qui a été champion du monde des poids lourds dans les années 1920. Au début de la guerre, Schmeling s'est engagé. Les SS sont donc naturellement portés à apprendre ce sport. Mais ici pas de grosses commandes. Il est donc difficile d'évaluer le nombre des gardiens qui s'y sont essayés. À Ravensbrück, par exemple, ce sont seulement deux paires de gants qui sont envoyées en mai 1944[32]. L'année précédente, l'administration centrale avait reçu cinq paires à redistribuer[33]. Toutefois, les témoignages sont nombreux de l'enthousiasme des SS pour l'« art pugilistique ». À Buchenwald, par exemple, ils encouragent même sa pratique chez les détenus[34]. À Dora comme à Auschwitz ils organisent des matchs. D'anciens champions, tel Victor Young-Perez, Français juif déporté, sont sollicités par les officiers SS pour des compétitions semi-officielles. C'est l'occasion de paris entre les SS qui ajoutent ainsi du piment à l'action. Mais ceux-ci refusent généralement les confrontations directes sur les rings entre prisonniers et surveillants. Ils attisent plutôt les antagonismes entre détenus.

Progressivement, d'ailleurs, ces défis fournissent aux SS l'occasion de se muer en promoteurs de spectacles, pour un public hybride de gardiens et de prisonniers. Les officiers acceptent ces initiatives et couvrent leurs subordonnés. Tout est bon pour sortir de la routine.

Paradoxalement, le sport, qui est censé être un élément de stabilisation et d'apprentissage des règles sociales, introduit dans le système des camps une forme d'irrégularité. Il contribue à atténuer la frontière entre gardes et détenus en créant des catégories intermédiaires, et pousse les surveillants à veiller sur la bonne condition physique des déportés qui acceptent de combattre pour les distraire.

Finalement, la palette des équipements sportifs mis à disposition des gardes peut paraître limitée. Mais il faut y ajouter d'autres sports pratiqués sans le secours des loisirs aux armées. L'équitation, par exemple, est l'apanage des officiers. Höss notamment entretient ses propres chevaux à Auschwitz ; Koch, à Buchenwald, a fait construire une écurie, pour son épouse et lui-même. Les gardes s'adonnent aussi à la natation. Dans de grands complexes concentrationnaires comme Dachau, il existe une piscine pour les gardes. Mais l'IKL n'a pas jugé bon de fournir de moyens spécifiques pour ces deux sports. Elle a plutôt favorisé les activités collectives.

Le disque entre formation et loisir

Ces divers exercices s'effectuent souvent sur un fond sonore qui rythme la vie des camps, jusqu'aux haut-parleurs chargés notamment de relayer l'hymne national. Rien d'étonnant donc si les gens de Berlin surveillent jusqu'à la fourniture des disques et de leurs appareils. Au printemps 1944, l'administration centrale pour les distractions des troupes effectue ainsi à la demande de Richard Glück un inventaire des tourne-disques disponibles dans les camps et des besoins. Au total, 140 tourne-disques sont répartis entre les 23 camps de l'administration. Le tableau ci-dessous reproduit leur distribution.

Auschwitz	10
Bergen-Belsen	2
Buchenwald	8
Dachau	5
Flossenbürg	4
Groß – Rosen	4
Heidelager	–

Herzogenbusch	1
Kauen	2
Lublin	5
Mauthausen	11
Natzweiler	2
Neuengamme	5
Ravensbrück	5
Riga	2
Sachsenhausen	7
Stutthof	5
Vaivara	2
Varsovie	2
Plaszow	2
B III	1

Au total, 85 appareils avaient été distribués, soit pratiquement 4 par camp. Mais le document est recouvert d'annotations qui révèlent une distribution postérieure de 140 tourne-disques, « Gramophon » (et leurs aiguilles[35]) ou armoires à musique. Glück décidait de l'acquisition de 10 appareils supplémentaires le 20 mars 1944, signe que la demande n'avait pas faibli au sein de l'administration concentrationnaire[36] : on devait par exemple en recenser vingt à Dachau, pour l'usage des officiers et des sous-officiers. Il passait commande à une des firmes qui fabriquaient des meubles musicaux, l'Alexander Tamm[37]. Tous ces appareils étaient dotés de mécanismes industriels. Mais dans ses commandes, l'IKL spécifie qu'elle veut des meubles en bois, qui recevront une décoration aux armes de la SS.

À partir de 1941, l'Inspection des camps effectue des envois de disques par paquets de plusieurs dizaines voire centaines d'unités. Les dates de livraison ne correspondent pas toujours à des campagnes centralisées. On devine une combinaison de demandes des Kommandanturs et de propositions de l'IKL. Les derniers bordereaux sont datés de janvier 1945, alors que plusieurs espaces concentrationnaires ont déjà été libérés. Quelques exemples éclairent la chronologie et les logiques de fournitures. Ainsi, 40 disques parviennent à Groß-Rosen le 24 mars 1942, à nouveau 40 le 2 avril, et encore 90 le 29 juin 1944. Sachsenhausen reçoit 55 disques le 26 mai 1942. Au Stutthof, en Pologne, deux lots de 40 et 25 phonogrammes parviennent le 20 juin 1942, 15 le 5 mai 1943, encore 22 et 150 le 30 juin 1944[38]. C'est un des camps qui bénéficient d'envois très réguliers et dont la consommation semble suivre la mode des musiques radiophoniques. Les commandes des autres camps sont plus sporadiques, ainsi Mauthausen en reçoit 400 entre le 30 avril 1944 et l'été, tandis que Hinzert ou Bergen-Belsen ont obtenu des lots plus faibles étalés entre 1942 et 1944[39]. Le 29 août 1944, alors que s'achève l'extermination des juifs de Hongrie, 390 disques sont livrés à Auschwitz.

Cependant, les disques ont aussi un rôle éducatif. Les discours des dirigeants politiques gravés sur vinyle, notamment ceux de Hitler et de Goebbels, sont fortement recommandés. La formation de la SS s'en servait pour renforcer les acquis idéologiques et convertir les personnels recrutés tardivement, notamment parmi les Baltes et les Ukrainiens[40]. Les disques sont également un support privilégié pour les cours de langues. Or les camps en délivrent. Les gardes réclament des formations aux langues étrangères pour préparer l'évolution de leur carrière. Si les marques des éditeurs ne sont pas affichées – seuls les fournisseurs apparaissent occasionnellement –, la méthode est connue depuis le début du siècle. Il s'agit d'entendre et de répéter des phrases et leur traduction ; l'apprentissage par cœur est la pédagogie reine.

Pour connaître les langues apprises dans les camps, les dictionnaires des bibliothèques des camps sont un bon indicateur. On constate alors que le russe fait l'objet de la plus grande attention. Sans doute parce qu'il est encore une langue véhiculaire dans plusieurs des pays où travaillent les Waffen SS. Vient ensuite le français, mais impossible de savoir si la vieille tradition du XVIIIe siècle se prolonge ou bien si cela cache un secret espoir de mutation sur un terrain moins exposé qu'à l'Est.

Les Kommandanturs se passeraient volontiers des disques de langues. Une lettre du commandant du Stutthof en Pologne, adressée à l'Inspection des camps, le 3 décembre 1943, sollicite un échange : « Juste après la réception de détenus dans le camp de concentration Stutthof, il a été trouvé entre autres 16 disques de cours de langues qui, malgré les demandes répétées, n'ont trouvé aucun propriétaire. Il s'agit de 16 disques pour l'apprentissage de la langue russe par l'anglais. La Kommandantur du camp de concentration Stutthof demande si, grâce au bureau de la direction centrale de la SS, il ne se trouverait pas un service de traduction de la Waffen SS à qui cela serait utile. En cas de réponse positive, il est demandé que des disques de musique de détente (*Unterhaltung*) soient donnés en compensation pour les tourne-disques à la disposition des troupes dans le camp. Si ces disques ne se révélaient pas utiles, nous demandons qu'une information circule afin d'effectuer un échange si c'est possible avec un magasin de disques. »

Des spectacles inégalement répartis

Dépendant du camp de concentration de Flossenbürg, Eisenberg est un Kommando qui rassemble des travailleurs forcés, sous la direction d'un Oberststurmführer (commandant) au lieu de l'habituel lieutenant-colonel. Sans doute à cause de sa dimension, il n'a pas fait l'objet de livraisons de matériel lourd de distraction, comme des projecteurs, et n'apparaît même pas sur les listes récapitulatives de l'ensemble concentrationnaire émises par l'IKL pour les loisirs aux armées. En revanche, par l'intermédiaire de la Kommandantur de Flossenbürg, les hommes ont reçu des postes radio et des disques. Ils disposent aussi de matériel de formation et de livres. Pour se délasser, les SS qui s'y trouvent se tournent vers les spectacles qui passent à proximité, et ils demandent régulièrement le remboursement de leurs sorties au cinéma[41] ; en septembre, puis en octobre, ils se ruent au cirque[42], spectacle rarissime à en croire les archives. L'administration rembourse encore le coût des places : une quarantaine de Reichsmark. Aussi n'hésite-t-elle pas à marchander. C'est ce que laisse penser une invitation pour l'Opéra-Comique qui recevait le Kunstler-Theater, en 1943[43]. Un autre document similaire propose de se rendre au music-hall Scala-Variétés[44]. Dans un esprit proche, la Kommandantur de Dachau consacre 345 Reichsmark à l'achat de 170 places au cirque Krone à Munich. C'est dans cette salle que Hitler a effectué au début des années 1920 ses premiers meetings de masse. En mars 1942, quand les SS s'y rendent, elle est encore un lieu hybride où se tiennent des spectacles mais aussi des réunions politiques. Un indice qui permet de penser qu'il s'agit d'une distraction est l'achat de 95 nouvelles cartes à quelques jours de distance, par l'intermédiaire du Deutscher Arbeiter Front qui organisait les loisirs populaires. D'autres camps participent à des sorties similaires, toujours sur le territoire allemand. Malheureusement, nulle indication n'en précise le lieu ni la teneur. Il n'est pas non plus fait mention de club de théâtre parmi les gardes. Pourtant, quand après guerre ils se retrouvèrent enfermés à leur tour, les Waffen SS organisèrent de petits spectacles, signe que cette technique ne leur était pas inconnue. Elle l'était d'autant moins que parmi les prisonniers certains n'ont pas hésité à écrire et mettre en scène des saynètes.

Mais le spectacle roi demeure le cinéma. Le personnel des camps sur le territoire allemand avait commencé de s'y rendre grâce à un système de remboursement par l'administration centrale. Mais précocement s'est posée la question d'équiper les lieux de détention de moyens de projection audiovisuels. Certains commandants de camp ont fait des demandes en ce sens ; tel celui de Herzogenbusch, en mai 1943[45]. Son argument ? La distance de ce camp allemand installé en Hollande avec des salles de projection de langue allemande. Selon lui, il ne fallait pas moins de deux heures trente à ses hommes pour s'y rendre. Par ailleurs, le personnel de la Kommandantur disposait de peu de temps en dehors des heures de travail pour participer à des activités à l'extérieur du site[46]. Il obtient gain de cause. Dans les semaines qui suivent, un équipement complet pour film parlant lui est adressé avec tous les accessoires. L'administration SS, en effet, achète pour tous les camps des matériels complexes qui vont des projecteurs muets aux parlants avec des jeux de haut-parleurs. Elle garantit aussi l'entretien du matériel afin qu'il soit toujours en état de fonctionnement et permette de bonnes conditions de réception. Les différentes résidences construites autour des camps sont ainsi dotées de salles fixes. Dans les unités de plus petite dimension comme Herzogenbusch, une pièce ordinaire accueille le matériel.

L'Inspection des camps a une bonne connaissance de ces matériels chers déployés localement[47]. Elle a adressé des machines plus ou moins professionnelles selon les destinataires. En 1944, Richard Glück a même réclamé un supplément de matériel cinématographique parlant pour les personnels des petits camps ou des Kommandos créés au fil du temps[48]. Il argumente encore sur la distance par rapport aux résidences SS et précise que les hommes travaillent douze à quatorze heures par jour sur ces sites. Après la fin de leur service, ils ne peuvent parcourir de longs trajets pour aller se détendre. Argument supplémentaire implicite, le cinéma sur le lieu de travail renforce la cohésion de l'équipe puisqu'il allonge le temps passé en commun. L'observation vaut moins toutefois pour Auschwitz ou Majdanek – où la politique de germanisation forcée a favorisé la reconversion des anciennes salles polonaises – et a fortiori pour Dachau, Neuengamme et Sachsenhausen, voisines de grandes métropoles.

L'IKL a ses propres amateurs de cinéma. Elle a gardé pour son usage un projecteur parlant. À Oranienburg, le personnel est donc convié à des projections qui se poursuivent tout au long de la guerre. Les séances pour lesquelles on réserve ses places commencent à 19 heures. Le week-end, une première partie précède le film principal. Les autres jours de la semaine, les actualités filmées ouvrent la séance. Le déroulement est donc proche de celui des cinémas ouverts à tous les publics. On peut imaginer, en revanche, que la contrainte de regarder obligatoirement les actualités filmées à partir de 1944 était moins douloureuse pour les SS que pour les autres citoyens allemands.

Le programme de la semaine du 29 décembre 1944 au 5 janvier 1945 démontre que, quand il sort du travail, le personnel au cœur du système concentrationnaire recherche tout simplement la détente à travers des films légers et des comédies[49]. Trois films se succèdent : *Das Bad auf der Tenne* (Le bain sur la Tenne), film en couleurs avec Heli Finkenzeller, Will Dohm, Richard Häussler, Gisela von Collando, Marianne Simson ; *Liebespremiere* (Première d'amour), avec Kirsten Heiberg et Hans Söhnkor ; *Frauen sind doch bessere Dipl.* (Les femmes sont de meilleures diplômées), avec notamment Marika Rökk et Willy Fritsch.

Rien qui tranche avec ce que pourrait afficher un cinéma de Berlin en temps de paix ; l'essentiel est de rassurer l'opinion sur la dimension normale de l'existence en dépit du contexte : une guerre qui tourne au désastre, des liquidations de masse. Si l'on en juge par l'interrogatoire en 1963 de Robert Mulka, l'ancien officier SS d'Auschwitz conserve un excellent souvenir de ces séances qui lui avaient donné « la force de mieux accomplir sa tâche et de contribuer à la victoire finale de l'Allemagne ».

Des médias pour les gardiens

En Estonie aussi, les SS ont installé des structures de travail forcé. Dans ces unités, les gardes ne sont pas tous allemand. Des supplétifs ont été engagés qui sont désormais au service du Reich. Les gardes et leurs officiers sont donc en tout petit nombre et souvent en position minoritaire sur le plan linguistique. La situation du camp de Vaivara repose tout entière sur cette spécificité. Afin d'exploiter les ressources locales, notamment forestières, le camp coordonne le travail de 12 unités annexes[50]. Au sein même de Vaivara résident 8 membres de la Waffen SS, 4 officiers et 4 sous-officiers. Dans les autres se trouvent un ou deux hommes de la SS et un camp est même dépourvu de responsable de l'ordre noir. Comme l'explique le commandant, ces hommes sont isolés et distants les uns des autres d'environ vingt-sept kilomètres. Il n'est donc pas possible de les rassembler après le travail. Pour que leur temps libre soit moins morne, il réclame des radios avec un bon récepteur. Clairement, à ses yeux, la radio n'est pas qu'un vecteur d'information, de formation ou de propagande. Elle est d'abord un divertissement, une manière de sortir du travail. Deux dizaines de postes sont adressés à son camp, à charge pour lui de les distribuer.

Les responsables des camps constatent que la radio est un bon moyen pour délasser leurs hommes. Il faut dire que ce média sous le nazisme ne se limite pas à des programmes partisans. Assurément, depuis 1933, Goebbels l'a modelé. Il voulait à l'origine en faire un mode exclusif d'endoctrinement des masses ; mais à partir de la deuxième moitié des années 1930 il a dû tempérer ses ardeurs afin de maintenir le public à l'écoute. La chanson, la variété et la musique classique sont ainsi largement présentes sur les ondes ; contrairement à une idée reçue, informations et discours politiques sont minoritaires. Pendant la guerre, les tendances à la facilité ne se démentent pas. Des radios locales sont créées pour les différents théâtres d'opérations des troupes. Les Waffen SS profitent des initiatives générales prises pour la Wehrmacht.

Le commandant du camp de Varsovie, dans une lettre d'octobre 1943, insiste sur les risques encourus dans et hors du camp pour soutenir sa demande de postes de radio[51]. Le « danger » est en effet tel que ses 200 hommes n'ont pas la possibilité de sortir de la zone concentrationnaire pour se distraire. Les meurtres de soldats par des civils sont devenus plus fréquents et la résistance polonaise gagne en efficacité. La peur grandit. L'envoi est donc jugé indispensable pour changer les idées de ses hommes.

Le programme d'équipement des camps en radios est plus massif et systématique qu'aucun autre. On devine le zèle cumulé des hommes du ministère de la Propagande et de la SS. Les postes, comme le montre l'exemple de Vaivara, ne sont pas destinés uniquement à une écoute collective. La radio, avec l'abaissement des prix dans les années 1930 (et ceux que l'Allemagne pratique sont parmi les plus bas en Europe), est devenue un support individuel, presque intime, notamment pour les officiers.

Pourtant, la SS n'est pas vraiment disposée à donner les appareils ; ceux-ci appartiennent au camp qui les a reçus et l'administration ne badine pas avec les accusations de vol, l'un des crimes les plus graves aux yeux de Himmler, au point de justifier des liquidations sommaires. Cependant, des cas de vols avérés ont parfois été passés sous silence, selon la personnalité de l'accusé et le contexte. Or, en mars 1943, Michael Sand, un officier du camp de Mauthausen, obtient sa mutation pour une unité de combat de chasseurs blindés de la Waffen SS. Il emporte avec lui une radio. Gustav Seifert, le gestionnaire du matériel de distraction du camp, chargé du département n° 6, n'apprécie pas le geste. Il lui écrit immédiatement : l'appareil est la propriété de la SS et, comme responsable des biens en dépôt à Mauthausen, il ne peut admettre qu'il en manque un[52].

La réponse de Sand ne tarde pas. Dans un style oscillant entre ironie et menace, il explique à son « Cher Camarade Seifert » que le poste lui a été donné car il était endommagé. Le début de la lettre précise même qu'il a reçu un bon. Malheureusement le précieux certificat a été détruit lors d'un déménagement. « Je prends sur moi de l'affirmer », souligne-t-il. D'ailleurs il lui semble avoir tenu Seifert informé, bien qu'il n'ait pu le voir en tête-à-tête car ce dernier était encore en voyage. Il poursuit son propos en expliquant ses nouvelles fonctions : il est désormais gestionnaire d'une unité combattante. Son « kommandeur » lui a confié la charge du département n° 6, celui des loisirs, et il constate combien son unité manque cruellement d'équipement radiophonique. Il faudrait donner un poste pour deux hommes alors qu'il y en a beaucoup moins. Il conclut par une phrase qui sent bon la corde : « Maintenant, Cher Gustav, prends en main la copie de ta lettre – je suppose que tu en fais toujours dans les échanges de service – et compare-la à ma réponse, et sincèrement, je te le dis, tu constateras ma bonne foi[53]. » Il n'oublie pas la formule de politesse : « Je me réjouirais d'avoir de tes nouvelles, d'autant plus maintenant que nous sommes également frères par la fonction, et te salue en camarade. Heil Hitler. » Une menace sourde transparaît dans ces propos. Sand enjoint à Seifert d'étouffer la requête au motif qu'il n'a pas plus de pouvoir que lui. Tout au long du texte se devine un antagonisme plus profond que celui de l'apparent enjeu du poste.

Et voilà que Seifert cherche à casser cette défense. Il demande à un des sous-officiers chargé du matériel d'établir un témoignage écrit affirmant que la radio était en état de marche. Il transmet ensuite le dossier à l'Inspection des camps, en insistant sur la propriété des services centraux de gestion, manière de s'attirer les bonnes grâces des organes de tutelle. Il emporte d'ailleurs leur conviction et, bientôt, une lettre est adressée à Sand, lui enjoignant de remettre l'appareil dans les plus brefs délais à Mauthausen.

L'affaire reflète bien les paradoxes d'un service conçu pour le bien-être des hommes, mais hésitant à donner ce qu'il tient à disposition. Elle montre aussi combien le corps des officiers est enclin à considérer le matériel de loisir comme un dû, surtout s'il s'agit d'une radio. Elle éclaire les concurrences autour de questions subalternes alors que le contexte se tend sur le plan militaire et que les unités de combat de la Waffen SS prennent un poids nouveau dans l'équilibre institutionnel.

De détente, il est beaucoup moins question avec les journaux. Les titres privilégiés par l'IKL sont des journaux de doctrine. Un récapitulatif de janvier 1945 permet de mesurer la croissance de la population des gardes et les titres qui sont commandés systématiquement pour eux[54]. En premier lieu vient le *Schwarzes Korps*, l'hebdomadaire de la SS, puis son mensuel le *SS-Leithefte*, et enfin une livraison de *Front und Heimat*. Les tirages exigés sont en hausse par rapport aux années précédentes, la croissance du nombre des prisonniers ayant entraîné une explosion du nombre des surveillants. Respectivement de 5 000 et 9 000 naguère, ils passent à 10 000 et 12 000 exemplaires et la commande exceptionnelle de *Front und Heimat* est de 6 000 exemplaires. Le contenu de ces journaux est composé pour l'essentiel de discours et d'articles de doctrine. Il s'y trouve aussi des informations sur la guerre ainsi que des questions plus concrètes sur la vie de la SS. En les mettant à la disposition des troupes et des gardes, l'IKL tient un moyen d'entretenir le bain idéologique dans lequel ils prospèrent depuis leur entrée dans l'institution. Elle assure une unification des préoccupations au sein d'un corps dont les individus sont amenés à changer d'affectation.

Bien sûr, l'univers concentrationnaire n'isole pas complètement les gardes de leur environnement. Ils ont accès à la presse locale des régions et des villes de leur garnison, en fonction du degré d'isolement géographique. Dans les pays baltes, les accès sont difficiles ; dans le gouvernement général – les anciens territoires arrachés à la Pologne –, en revanche, les grandes villes jouissent d'une presse germanophone. Ainsi, en haute Silésie – la région d'Auschwitz –, l'*Oberschlesische Kurrier* et le *Kattowitzer Zeitung*, journal officiel du NSDAP local, sont disponibles. Aucun d'eux ne possède de rédaction à Auschwitz, mais ils publient des informations sur la bourgade. En octobre 1944, par exemple, des articles rapportent la condamnation à la déportation dans le camp de fonctionnaires indélicats et de malfrats, ce qui donne de l'internement une image de justice au détriment des déportés politiques et raciaux. Ce souci d'endoctrinement par la presse se vérifie dans le fait que les journaux sont envoyés dans les camps au nom de la formation idéologique, « la vision du monde[55] », au point de l'écrire sous forme abrégée (WUP, pour Weltanschauung Erziehung und Propaganda). La presse écrite joue un rôle de chien de garde de l'opinion alors que la radio, à cause de son caractère plus massif, facilite l'évasion, la sortie du cadre bien contrôlé du débat intellectuel.

VI

Lire, croire, imaginer

Le 13 novembre 1940, le commandement de la Waffen SS demande la mise en place de deux bibliothèques pour les camps de Groß-Rosen et de Wewelsburg. Il faut rassembler environ 110 à 120 livres pour les 130 hommes en garnison[1]. Les deux camps sont relativement isolés et leur personnel a peu de chose à faire durant son temps libre. Les responsables de l'administration sont sensibles à ces arguments. De fait, Groß-Rosen, situé en Pologne, est encore en cours de construction et ne dispose pas de local spécifique dédié aux distractions. Ce camp est d'ailleurs né en dehors de la planification officielle, à l'initiative de la Waffen SS. Himmler a ensuite décidé de le placer sous la tutelle de l'Inspection des camps. Quant à Wewelsburg, cela fait seulement quelques mois que des unités spécifiques y sont détachées.

L'histoire des bibliothèques de camp suit celle des installations de prisonniers. Wewelsburg est depuis 1934 un château de la SS. Mais, avant de devenir un lieu de détention, il a surtout servi à la formation des cadres de la SS. Himmler a même imaginé d'en faire une sorte de centre de ressources pour les officiers généraux. Stimulé par la politique d'internement de masse et vu la présence de ses hommes sur place, le Reichsführer a finalement décidé en 1939 d'y adjoindre un camp de concentration. Avec l'installation d'une troupe de surveillance et le passage sous la tutelle des inspecteurs des camps Eicke puis Glück, Wewelsburg entre dans la norme. Sa garnison doit jouir des mêmes avantages que celles de Dachau ou de Mauthausen.

Le nazisme n'est pas ennemi de la lecture, il trie simplement les œuvres ! Tous les camps sont pourvus d'une bibliothèque. Dans les établissements plus anciens comme Buchenwald, elles sont constituées à partir des apports des prisonniers dont les biens ont été saisis. Toutefois, la restructuration de l'organisation, à partir de 1939-1940, pousse l'Inspection des camps à promouvoir une politique globale de fourniture de livres. Ce travail s'effectue indépendamment des offres du ministère de la Propagande. La culture SS se croit supérieure à celle dispensée aux masses. La lettre de demande d'une bibliothèque pour Groß-Rosen et Wewelsburg de novembre 1940 précise que les bibliothèques sont des outils indispensables à la formation des hommes, d'autant plus que ces camps sont « prévus pour durer[2] ».

Ainsi la présence des bibliothèques est-elle un indice des espoirs de l'administration SS. Elle souhaite fonder des institutions durables qui, autour d'un espace d'internement, seraient autant de pôles de déploiement de la grandeur germanique, des points d'appui intellectuels pour le IIIe Reich.

DES LIVRES À BUCHENWALD, DORA, MITTELBAU

La logique de déploiement culturel ne concerne pas uniquement les camps basés en dehors de l'Allemagne. Elle pèse sur les établissements de l'intérieur, comme en témoignent les cas de Buchenwald puis de Dora. Là se trouve une bibliothèque dont les débuts remontent avant la guerre, vers 1938, quand le camp est installé. D'autres ouvrages y ont été envoyés par l'Inspection. Mais avec la création du camp de Dora, qui initialement était un Kommando détaché de Buchenwald, les choses changent. L'installation à Dora devenant pérenne, à partir de 1943, une bibliothèque de plus de 200 livres lui est adressée, via la Kommandantur de Buchenwald[3]. Ce fonds de 213 ouvrages est loin d'être uniquement constitué de textes politiques[4]. On y trouve, par exemple, les *Kriminal-Novellen* d'Edgar Poe ; sans doute est-ce le genre policier qui a retenu l'attention, car il était un des premiers secteurs de vente de livres sous le régime nazi. Tout aussi curieuse est l'apparition de l'écrivain anglais Eric Linklater, avec son *Juan in America.* Linklater a imaginé, à la veille du krach de Wall Street en 1929, les aventures d'un descendant britannique de Don Juan aux États-Unis. Avec son regard d'antihéros, Juan traverse le pays et s'étonne de la prohibition de l'alcool, de la vie urbaine et des mœurs américaines. Le lecteur des années de guerre peut y voir au premier degré une attaque visant les pays anglo-saxons. Mais c'est là ignorer la volonté humoristique de l'auteur. Évidemment, le contenu de la bibliothèque ne se réduit pas à un genre populaire importé de l'étranger. Presque tous les autres auteurs de la liste de Dora sont allemands ou autrichiens. Leurs livres s'inscrivent dans l'héritage germanique cher au national-socialisme.

Que trouve-t-on ? Des références idéologiques, bien sûr : *Mein Kampf*, de Hitler, et *Le Mythe du XXe siècle* d'Alfred Rosenberg, deux livres qui figurent dans toutes les bibliothèques de camp. Ils sont le fondement de la pensée national-socialiste, car ils inscrivent la lutte qui se joue depuis la Première Guerre mondiale dans une eschatologie. Ils sont d'ailleurs enseignés comme les nouvelles références morales dans les écoles secondaires. La littérature doctrinale secondaire occupe une forte place dans les rayonnages. Viennent d'abord les écrits antisémites de Meyer, *L'Alliance anglo-juive*, Fasolt, *Les Origines du Talmud*, Seifert, *Le Combat juif pour la Palestine*. Sans doute ce secteur est-il surreprésenté au regard de l'ensemble de la production littéraire sous le IIIe Reich. On relève ensuite quelques critiques des adversaires, tel le livre de Lohe *L'Amérique de Roosevelt*. Les classiques militaires sont logiquement à l'honneur. *De la guerre* de Clausewitz figure ainsi au numéro 53 de la liste des ouvrages envoyés à Dora, liste sans classement alphabétique ni thématique. Clausewitz agrémente les autres bibliothèques de camp de concentration. Rudolf Thiel et ses *Altmeister deutscher Strategie* (Les vieux maîtres de la stratégie allemande) complète les études. Paru en 1941, ce livre exalte les vertus militaires germaniques, une idée que Thiel a développée dans d'autres livres sur la Prusse, en particulier. On comprend aisément que les SS souhaitent en savoir davantage sur les questions stratégiques, au moment où la situation militaire s'est retournée et où le front recule.

La littérature de voyage ou de réflexion sur des personnages et des périodes historiques indique une recherche de données pour interpréter la situation. La géographie ? Ce sont *Les Indes dans l'Empire britannique* de Bhatta ou *Kamaraden in Serbien* de Grix. L'histoire ? Elle a ses amateurs. En témoignent les deux volumes de Huch sur *La Guerre de Trente Ans,* ceux de Claus sur *Bismarck*, Pastenaci, *4000 Jahre Ostdeutschland*[5], Baumgardt sur *Fernando Magallan*, Prawdin sur *Tschingis Chan* (Gengis Khan)... Ce dernier ouvrage, on le verra, est loin d'être là par hasard. D'autres textes évoquent les lieux de conflit, tels *Narvik*, ou, plus revendicatif, *Notre Alsace*. Des journaux de guerre nourrissent l'imaginaire des vainqueurs, tel celui d'Ernst Jünger, *Jardins et routes*, qui raconte l'invasion de la France en 1940 comme une étonnante excursion vers Paris. Paru dès 1941, c'est un grand succès en Allemagne, notamment parce que Hitler et les dirigeants du Reich restent des admirateurs de l'auteur d'*Orages d'acier*. Jünger figure en bonne place dans les bibliothèques de SS, signe que ses ouvrages du début de la guerre ne passent aucunement pour une contestation du pouvoir hitlérien, tant s'en faut.

Mais le divertissement occupe une large place dans la bibliothèque du camp de Dora. Deux volumes de Karl May, dont *L'Héritage de Winnetou*, figurent dans le fonds. May et ses aventures dans l'Ouest américain avec son héros indien, entre hommes blancs et sauvages, devaient nourrir les rêves de domination. Hitler en est un fervent lecteur, et nombre de SS le savent. Toutefois, leur approche doit être moins idéologique que ludique, ils lisent Winnetou comme dans d'autres pays les jeunes gens dévorent Jules Verne ou Emilio Salgari : un auteur populaire pour se changer les idées, des récits captivants.

Des romans plus légers racontent des histoires d'amour et rappellent à ces communautés masculines l'existence d'un monde en dehors du camp, avec une dimension rurale. Gerstner et son *Fähnrich Charlotte* (Aspirant Charlotte) ou

Slvici, *Das Gerde im Dorf*, ou Haas, *Dort Hinter den Hügeln* (Là-bas derrière les collines). La littérature populaire reste une valeur sûre. Enfin, on relève un album de photographies : *Hitler wie Ihm keiner kennt (Hitler comme personne ne le connaît),* illustré par Heinrich Hoffmann, le photographe ami du Führer.

Une telle accumulation de titres disparates n'a rien d'exceptionnel. En décembre 1944, en effet, le commandant du camp de Mittelbau demande à son tour un supplément de bibliothèque qui ressemble beaucoup à la liste précédente. Mittelbau est une structure regroupant autour de Dora d'autres Kommandos naguère sous la tutelle de Buchenwald. Le nouveau commandant agit sur les conseils du SS-Unterscharführer Felbinger[6]. Or, Felbinger vient de suivre le colloque sur la formation organisé par l'Inspection des camps à l'intention des responsables de 6e bureau des Kommandanturs. Sa demande est donc conforme aux exigences des troupes telles que les concevait l'organisation centrale. La liste comprend 140 items.

Si les titres ne recouvrent pas exactement ceux de Dora, les genres sont proches. On retrouve notamment Karl May et Linklater. Il manque les ouvrages de base comme *Mein Kampf* ou *le Mythe du XXe siècle*, mais la biographie de *Göring* par Gritzbach et un ouvrage de Rommel, *Infanterie greift an* (L'infanterie attaque), voisinent avec *Armin der Cheruscker* de Hans Heyak, sur la révolte des Germains conduite par Arminius contre les légions romaines de Varus en l'an 9 après Jésus-Christ. L'impression se dégage qu'à Mittelbau les troupes ont accès aux autres bibliothèques et peuvent se consacrer à des aspects plus récréatifs, car le camp regroupe des formations antérieures. Mittelbau est donc un cas particulier.

Le contenu de la bibliothèque de Buchenwald confirme le décalage[7]. Après le bombardement du camp, en août 1944, il faut la recomposer ; les SS commandent alors 486 livres[8]. Là encore, une majorité d'auteurs germaniques. Les récits nordiques (*Nouvelles finlandaises* de Kurtzbach, *Dans la Suomis enchantée* de Strohmeyer) y introduisent la touche de mythologie nordique chère aux nazis[9]. La présence du *Devoir du soldat,* publié par le commandement de l'armée de terre (OKH), signale combien la vie des gardes est marquée par l'esprit militaire. Là encore, les œuvres historiques s'imposent, tel *Le Congrès de Vienne* de Treischke. Mais à côté des très attendus ouvrages de Hitler, Jünger, Clausewitz, Goebbels ou Karl May, voire le roman policier d'Alexander sur *Scotland Yard*, quelques titres tranchent et portent une lumière inattendue sur le monde des surveillants.

D'abord détonne la présence d'un livre d'Antoine de Saint-Exupéry, *Wind Sand und Sterne* (*Terre des hommes,* paru initialement en 1939). Il reflète la passion pour l'aviation d'une partie des SS dont certains ont servi dans cette arme pendant la Première Guerre mondiale.

Tout comme le livre de souvenirs du général Bodenschatz sur *La Chasse aérienne dans le ciel de Flandres*. Ensuite, dans la série des classiques, on repère des œuvres de Goethe, Grimm et Novalis.

Un titre surtout se distingue : *Le Banquet* de Platon. La lecture d'un ouvrage de philosophie ancienne surprend. Pourtant, elle peut s'expliquer de plusieurs manières. D'une part, Himmler, fils d'un professeur de lettres classiques, a imposé à son organisation des références grecques et latines[10]. Mais la philosophie platonicienne ouvre sur une interprétation excitante pour l'ordre noir. Les SS y puisent l'idée d'une pensée en action orientant toute la vie de la cité, comme l'expose *La République*. Les officiers projettent leur vision du monde sur Platon pour stimuler le zèle des gardiens dans leur rôle de protecteurs de la société allemande. Le concept de « gardien », central pour le philosophe athénien, explique ce détournement. Certes, pour Platon, le mot n'avait pas le même sens. Il qualifiait une élite de philosophes auxquels la destinée de la cité était confiée. À eux de garder les valeurs fondatrices de l'ordre social. Ils devaient éduquer les enfants et préparer l'avenir. Par une étrange analogie, les sentinelles éduquées par la SS rêvent leur fonction comme un véritable sacerdoce. Les officiers les encouragent à se penser comme une élite singulière ayant pour fonction de protéger la nation contre tous ses ennemis et contre les déviants. La Waffen SS, qui a pour double mission de mener le combat sur le front et de tenir les camps, reflète cet idéal politique répété à longueur de discours par ses dirigeants. Le recours à Platon assure donc une légitimité philosophique sommitale et une justification claire, pour les SS à tête de mort, de leur tri sélectif des hommes et des femmes.

Les bibliothèques filiales de Buchenwald dévoilent une conception de la lecture comme moyen de savoir, mais aussi comme source d'imaginaire. La double fonction doctrinale et récréative, vue de nos jours, est une preuve supplémentaire du projet SS de prendre en charge toute la vie des individus. Aux yeux de l'Inspection des camps de concentration, de Himmler, de Pohl et de Glück, les milliers de Reichsmark ainsi dépensés sont un bon investissement. Chaque établissement est un pôle culturel pour l'avenir, une structure de conquête spirituelle. Après tout, les livres sont aussi des armes.

Composer une bibliothèque entre administrations centrale et locales

La composition et l'entretien des bibliothèques des camps supposent une forte motivation de leurs promoteurs. Car, si le bureau central de la SS pourvoit aux approvisionnements, sur place, l'aménagement et le fonctionnement sont laissés aux soins de la Kommandantur de chaque établissement. Souvent, l'espace et les transports nécessaires à l'installation sont employés à d'autres missions. Le responsable des distractions et de la formation du camp de Varsovie le dit avec une certaine lassitude, quand il prend en charge ses fonctions, en novembre 1943[11]. Pour ce nouveau responsable du 6e bureau, il n'existe pas encore d'espace susceptible de l'accueillir, car le bâtiment de la Kommandantur est en construction. Il espère pouvoir installer le fonds près des salles de formation et sollicite le soutien du bureau central afin d'obtenir que deux camions soient mis à sa disposition pour le transport des ouvrages. La bibliothèque qu'il veut mettre en place attend depuis septembre d'être déballée.

Sa liste a encore bien des points communs avec celle de Dora : Jünger, Hitler, May, Lohe, Bade… Là comme ailleurs, les thématiques SS semblent se concentrer sur la mythologie fondatrice de l'ordre. Et cela ne doit rien au hasard.

Outre la coordination des activités des responsables des 6es bureaux, l'Inspection des camps centralise les demandes auprès des libraires et des intermédiaires. Elle définit, en somme, une politique d'achat. Les titres proposés aux hommes sont donc le fruit d'une réflexion d'état-major qui poursuit des objectifs en matière de croyance politique. La meilleure preuve en est donnée par une série d'envois groupés à tous les responsables de camps de concentration gérés par l'IKL. Le 18 juillet 1944, par exemple, trois ouvrages leur sont adressés en plusieurs exemplaires : *Friedrich der Grosse und du* (Frédéric le Grand et toi), de Hans Stelter, une liste de préceptes tirés de la vie du maître de Sans-Souci et rédigés par un journaliste membre du NSDAP et ancien élu national-socialiste ; *Arabisches Erbe* (L'héritage arabe), de Reinhard Hüber, un pamphlet antisémite opposant les Arabes et les Juifs sur la question du sionisme et dénonçant l'Angleterre comme vecteur de l'oppression arabe ; et *Westland*[12]. Un exemplaire de chacun est destiné au commandant et aux responsables de Blocks et trois autres sont envoyés aux bibliothèques. Le 14 septembre 1944, une nouvelle fiche de liaison récapitule un envoi groupé pour tous les établissements. Il s'agit, cette fois, de cinq ouvrages, dont ils doivent accuser réception :

– *Glaube an Deutschland* (La foi en l'Allemagne), de Hans Zöberlein, écrivain et surtout général de brigade de la SA depuis 1943, vétéran du parti – où il est entré en 1921 –, et ancien acteur du putsch de la Brasserie. Son livre, paru en 1931, est un roman sur la Première Guerre mondiale. Il raconte le parcours d'un soldat sur le front, de Verdun à l'armistice. Immense succès de librairie, il s'est vendu à 800 000 exemplaires. Hitler a dit son admiration pour Zöberlein, qui a écrit son roman tout en tenant un emploi et qui, sans formation particulière, a su exprimer, selon le Führer, la véritable âme du soldat allemand ;

– *Accorombona*, le roman romantique de Ludwig Tieck, paru en 1840 et considéré comme le testament d'une génération. Un classique de la littérature allemande, mettant aux prises amour, religion et pouvoir politique. La figure centrale – déjà sujet d'une nouvelle écrite par Stendhal trois ans auparavant – est celle de Vittoria Accorombona, duchesse de Bracciano, à la fois objet du désir masculin et sujet de la protection de sa famille ;

– *Christoph Pankratius de Mieserich*, livre comique de Hugo Wellems, un ancien des Jeunesses hitlériennes membre de la légion Condor pendant la guerre d'Espagne, paru en 1943. Wellems est à ce moment responsable de la propagande en Lituanie, à Kaunas ;

– *Maske und Gesicht* (Masque et visage), l'itinéraire d'un nazi en Allemagne, publié en 1935 par Hanns Johst, un compagnon du parti nazi promu président de la Chambre des écrivains du Reich la même année. Johst fait figure de littérateur officiel du régime ;

– *Zucht und Sitte* (Race et coutumes), un livre illustré sur la tradition et la race allemandes, sorte d'exaltation des lois de Nuremberg. Des textes, des dessins et des photographies prétendent montrer la supériorité de la race allemande en beauté et en force. La direction propose vraisemblablement la deuxième version de l'ouvrage, parue en 1942.

Tous les chargés de 6e bureau doivent non seulement en commander un exemplaire pour la bibliothèque de leur camp, mais aussi pour le commandant et pour les responsables de Blocks des compagnies de gardes. Par ailleurs, tous les responsables de l'IKL en reçoivent un : le SS Gruppenführer Glück, en tête de liste, puis par ordre hiérarchique le Standartenführer Maurer, le Sturmbannführer Harbaum, le Standartenführer Lolling, le Sturmbannführer Kiener, le Sturmbannführer Burger et les deux inspecteurs de rang d'Obersturmbannführer Weiss et Höss. Enfin, la bibliothèque de la direction de la gestion du bureau central de la SS n'est pas oubliée. Un tableau récapitule les envois par camp et le nombre d'exemplaires, qui varie selon les effectifs (parfois plusieurs dizaines). Curieusement quelques établissements n'ont rien reçu. Pour certains le motif est clair : à cette époque, en septembre 1944, ils ont cessé de fonctionner. Ainsi en va-t-il de Lublin et de Varsovie. Mais pourquoi Riga, Vaivara, Kauen, Heidelager, Herzogenbusch ? Ont-ils été pourvus par un autre biais ? Est-ce un oubli du fonctionnaire central, ou alors leur personnel est-il trop isolé pour être concerné par la vague d'expéditions ?

Quoi qu'il en soit, un tel envoi manifeste le désir de conserver une cohérence idéologique au sein des cadres supérieurs et intermédiaires des camps SS, au moment où la situation militaire est irrémédiablement compromise par l'ouverture et l'extension du second front allié à l'Ouest. Sans doute une motivation identique explique-t-elle l'utilisation de la même procédure, le

12 décembre 1944, pour deux nouveaux titres : *Klaus Störtebecker*, une biographie du pirate qui au XVe siècle terrorisa les ports de la Hanse et rompit le blocus de Stockholm, et le *Westland* déjà évoqué[13]. Soixante-neuf exemplaires en sont envoyés dont les camps doivent accuser réception dans leurs rapports mensuels. Les personnels ciblés étaient les mêmes que dans le courrier précédent.

Ce projet vient de haut. Himmler lui-même, en effet, sélectionne des livres pour ses subordonnés. Il n'hésite pas à adresser certains ouvrages avec une lettre de sa main, ou à les faire distribuer au sein de la SS. Dans ce cas, d'ailleurs, il en fait don aux responsables. Le 2 novembre 1943, encore au faîte de sa gloire, il adresse aux commandants des camps et à ses proches collaborateurs de l'Inspection la biographie de Tschingis-Chan *(sic)* par Michael Prawdin, dont les inventaires des bibliothèques de camp gardent la trace. La référence au conquérant mongol est récurrente sous le IIIe Reich et le succès de ce livre l'a amplifiée. Hitler lui-même prétend vouloir régler le problème mongol en s'attaquant à l'empire soviétique, dans lequel il voit le dépositaire de toute la barbarie asiatique. En 1939, il le décrit comme le responsable de la mort de millions de femmes et d'hommes[14]. Mais Gengis Khan représente aussi, selon Hitler, les chefs de guerre dont la violence a été oubliée au fil des siècles pour laisser place à une mémoire positive, celle d'un bâtisseur d'État.

Comme si la violence des massacres lors des conquêtes était occultée par la stabilisation dynastique de la Chine et par l'ouverture de la route de la soie. Le Führer allemand se pense ainsi comme le fondateur d'un héritage ambivalent dont on ne tardera pas à oublier les aspects iniques. Himmler, qui connaît ces débats, montre en adressant l'ouvrage à ses hommes qu'il partage cette vue : le crime sans nom qu'il est en train de commettre passera aux oubliettes quand le Grand Reich sera installé.

Le 23 mai 1944, le Reichsführer SS envoie un ouvrage sur un autre conquérant, celui de Zdenko von Kraft sur Alexandre le Grand (*Alexanderzug*[15]). Ses subordonnés insèrent ce geste dans le jeu des échanges de cour en vigueur sous le nazisme. En réponse, par exemple, le commandant du camp de Natzweiler saisit sa plume pour remercier Himmler[16] sur le ton obséquieux des vrais courtisans. Le 13 juillet 1944, le Reichsführer réédite l'expérience et offre un nouvel ouvrage dont le choix semble tout aussi irréaliste. Un peu plus d'un mois après le débarquement en Normandie, en effet, tous les commandants de camp reçoivent le livre de Josefa Berens-Totenohl, *Der Femhof*[17]. Ce best-seller de l'année 1935 défend les idées de Hitler et la culture « Blut und Boden » (la terre et le sang) en faisant un détour par l'histoire médiévale et le roman historique. Il a même reçu un prix de 10 000 marks de l'État. Les choix de Himmler montrent certes son attachement partisan, son goût pour les Anciens, voire une forme d'exotisme, mais expriment surtout un fantasme plus profond : même devant la défaite militaire, les dignitaires SS maintiennent la fiction de conquêtes infinies.

La politique d'achat des bibliothèques de l'IKL explicite les valeurs sur lesquelles se fonde l'ordre SS. Le service, le sacrifice, le devoir, le combat, la fraternité, la chevalerie et la horde composent un cocktail complexe dans lequel la question raciale est la clé de voûte. En somme, la littérature que Himmler, Glück et l'Inspection des camps diffusent a pour objectif de confirmer les cadres mentaux des SS et de les pousser à accomplir leur tâche sans temps de relâche. Tout ne peut se résumer au manuel de base envoyé en masse dans les camps, le *Manuel de service pour les SS et la police*[18]. Il faut un terreau littéraire pour donner une crédibilité aux apories du nazisme. En ce sens, les romans étrangers ou les succès grand public ne constituent pas un bain idéologique contradictoire. Ils reflètent la culture des best-sellers de leur temps[19]. Ils inscrivent le fanatisme dans un continuum narratif qui le rend recevable ou plus exactement souhaitable. Si les gardiens en doutent, les cours et la formation continue renforcent leurs convictions.

La formation est largement coordonnée par le bureau de formation de la SS et s'adresse à tous les gardes et à toutes les surveillantes, qui doivent suivre les cours ou les conférences que leur dispensent des officiers et des sous-officiers eux-mêmes formés à la doctrine politique. Ils entretiennent par ce biais les connaissances acquises au moment de l'entrée dans l'ordre et apprennent des éléments concrets sur le déroulement de la guerre et l'évolution de leur travail.

Outre les livres, les enseignants s'appuient sur une série d'outils pédagogiques préparés par l'Inspection des camps et les bureaux centraux de la SS. Viennent d'abord des cahiers qui contiennent des connaissances générales et doctrinales. Le cahier de formation, *Unterhaltungshefte*, qui a été mis au point par les services du ministère de la Propagande et de l'Éducation populaire[20], est envoyé à tous les centres de formation dépendant de l'IKL. Des textes plus spécifiques circulent largement au sein du personnel du camp. Ce sont des écrits à connotations patriotiques, tel l'*Ewiges Deutschland* (L'Allemagne éternelle), ou bien des synthèses de style et d'expériences, à l'instar des *Dunkelmännersbriefe* (Lettres des hommes en noir)[21]. Des fascicules rassemblent les propos de grandes figures du parti. Les plus diffusés sont logiquement ceux de Goebbels et Rosenberg, puisque les deux hommes sont en concurrence pour la définition de la politique culturelle et de l'idéologie nazies. Leur distribution en un « package » commun fait penser à un compromis entre des factions au pouvoir pour exercer une influence sur les SS et sur les camps.

Les formations accordées aux SS des camps ne sont pas seulement liées à l'idéologie. Les gardiens doivent apprendre le maniement de matériels et le fonctionnement de la gestion. Suivant leur grade, ils reçoivent même des formations adaptées aux fonctions qu'ils doivent exercer. Ainsi les gardiennes de camp de concentration, outre leur formation initiale au camp de Ravensbrück, suivent une période courte de stage dans leur lieu d'affectation. Ensuite, elles sont poussées à suivre des formations particulières quand elles montent en grade. Elles sont aussi concernées par des instructions ou des conférences destinées à tout le personnel des camps et partagent ainsi une partie des connaissances avec leurs homologues masculins. Les auxiliaires ukrainiens ou lettons entrés dans la SS reçoivent eux aussi, notamment après 1942, une éducation politique. La mission de gardien a donc été initialement conçue comme un emploi nécessitant une haute valeur ajoutée idéologique et une vision du monde d'essence raciste et discriminatoire quotidiennement mise à l'épreuve. C'est finalement tard dans la guerre, à partir de 1944, que des femmes et des hommes insérés dans le système sans formation doivent apprendre sur le tas les catégories, les préjugés et les gestes qui fondent l'esprit de leur corps.

Ce travail nécessite un important matériel. Les disques et les gramophones sont, nous l'avons vu, utilisés, tout comme différentes sortes de projecteurs prévus à des fins démonstratives. La SS privilégie notamment les épidiascopes pour projeter des photographies et des cartes. Déjà, un désir pédagogique pousse à l'usage massif de l'audiovisuel dans l'enseignement, du moins au cœur du système concentrationnaire. L'Inspection des camps a fait livrer un épidiascope dans chaque camp, signale un récapitulatif[22].

Ce même document dresse l'état de diffusion d'un autre support d'enseignement, les cartes[23]. Quatre modèles muraux sont présents dans tous les camps. Deux cartes du monde, l'une physique, l'autre politique, doivent permettre de se figurer les enjeux d'un conflit mondial ainsi que les alliés et les ressources de chaque parti. Il n'existe qu'un exemplaire de la carte physique par camp alors que chacun possède généralement plusieurs versions politiques. La dimension idéologique primant, un tel choix est compréhensible. Sans doute aussi les cartes physiques à très grande échelle ne sont-elles pas nécessaires pour qu'un combattant appréhende le terrain en prévision de batailles. Elles relèvent avant tout de la culture générale. À côté de cet outil s'imposent des représentations à échelles continentale et nationale. La carte politique de l'Europe manifeste le cadre majeur de préoccupation, en particulier après 1944, quand l'action en Afrique du Nord n'est plus un enjeu stratégique. Enfin, la carte symbole la plus diffusée est, bien sûr, celle de la Grande Allemagne, qui représente l'extension maximale de l'empire hitlérien. Pour les hommes de la Waffen SS, elle demeurera un motif de fierté jusqu'à la fin de la guerre.

Tous les camps ne disposent pas du même nombre de cartes. Ceux aux effectifs élevés, comme Auschwitz, Sachsenhausen et Buchenwald, en ont davantage. Ils reçoivent en outre, comme Auschwitz en juillet 1944, des recueils de cartes en même temps que des atlas et des ouvrages portant sur la Russie, dont *Schlag nach UDSSR* (Attaque contre l'URSS) et un dictionnaire de russe[24]. La formation est donc à comprendre comme une sorte d'activité continue touchant tous les hommes de troupe. C'est lors de ces séances que leur parvient l'écho déformé de l'évolution du conflit et que s'effectue le recadrage d'informations relayées par des amis ou des relations parties au front ou demeurées à l'arrière. En ce sens, la spatialisation des enjeux doit rendre tangibles, à partir de 1943, le recul de l'armée et la réduction du Reich à une peau de chagrin.

Les cartes traduisent encore des intérêts particuliers pour certaines régions, même si rares sont les Kommandanturs qui semblent être sorties du cadre général. Quelques commandes sont adressées au bureau de cartographie du commandement de la Waffen SS. L'une d'elles qui a été honorée le 13 septembre 1944 illustre bien les préoccupations de beaucoup d'Allemands à ce moment[25]. Dans l'ordre, le bureau de gestion de la SS au sein duquel se trouve l'Inspection a réclamé :

– une carte de France au 1/1 000 000 ;

– la Russie d'Europe au 1/2 500 000, cartes des routes ;

– les Balkans au 1/1 000 000 ;

– Italie avec réseau aérien au 1/1 000 000 ;

– Italie au 1/1 000 000 (deux cartes regroupées) ;

– la Méditerranée au 1/4 000 000 ;

– la Scandinavie et la mer du Nord au 1/2 000 000 ;

– une carte des opérations en Russie A et B au 1/1 000 000.

En pleine phase de repli, les dirigeants de la SS et des camps cherchent à voir les solutions de réinstallation. Ils veulent aussi repérer les points de faiblesse par où leur ennemi peut s'engouffrer. En définitive, la cartographie est intimement liée à la lutte en cours. Alors que les cartes manifestent aux yeux des hommes la supériorité de leurs armes au début de la guerre, elles deviennent une preuve de la défaite après 1943. D'outils symboliques pour renforcer l'esprit de corps, elles se transforment en support de réflexion pour tenter de sauver sa peau.

Les hommes de l'Inspection des camps, en regardant les changements des formulaires et en cessant progressivement de remplir les lignes de plusieurs établissements concentrationnaires majeurs libérés par l'Armée rouge, doivent en tirer les conclusions qui s'imposent. En dépit des outrances de la propagande, ils savent que les heures de leur règne sont comptées. À partir du printemps 1944, ils voient leur terrain d'action se réduire, mais ils ont eu conscience des difficultés bien plus tôt, si l'on prend le seul indice qui vaille : la présence toujours plus proche de la mort. Et de fait l'administration centrale doit, dès 1942, envoyer dans les camps le code de cérémonie pour les enterrements des SS.

DES RITUELS ET DES MORTS

Les gardiens de camp, comme tous les membres de l'ordre noir, sont très sensibles aux rituels. Ils le sont d'autant plus que Himmler a pensé précocement la codification de petits gestes et de coutumes qui devaient sans cesse évoquer aux SS leur serment et renforcer leur croyance d'être au service d'une instance supérieure. Les grades de l'ordre SS ont ainsi leur singularité qui nécessite une équivalence dans les autres armes. Les vêtements ont une couleur propre et un dessin à part. L'uniforme a été dessiné par un grand styliste allemand de l'époque, Hugo Boss. Le vocabulaire lui-même a été retouché avec des expressions idiomatiques, des abréviations et des métaphores combattantes. La pratique de désignations grandiloquentes ou euphémisantes est devenue courante pendant la guerre, d'une part pour désigner les noms des opérations militaires et, de l'autre, pour cibler les populations menacées par les internements et la liquidation de masse. Dans ce contexte, la mort a été inscrite dans la perspective plus générale d'une politique qui se pense comme une religion.

La première caractéristique de la religion politique nazie est sa rupture par rapport au christianisme[26]. Himmler et les dirigeants SS promeuvent autour du culte de l'Allemagne et d'Adolf Hitler une religion séculière qui emprunte différentes voies. Une tendance ésotérique se dessine à travers les relations de Himmler avec la philosophie asiatique, ou le soutien qu'il apporte aux recherches sur les Aryens anciens. Mais, dans les camps, cette quête spirituelle n'est guère perceptible. Les surveillantes et les surveillants des espaces concentrationnaires n'en ont qu'un écho étouffé par les rumeurs et la bibliothèque où circulent quelques livres sur le chamanisme ou le Tibet.

La religion politique est surtout pour eux une activité quotidienne organisée. Au titre des loisirs des troupes figurent de nombreuses commandes qui prouvent la construction au sein des camps d'une ritualité politique. Le buste de Hitler en fait partie[27]. Le Führer est la figure principale d'identification au nazisme. Son visage est largement diffusé en Allemagne, à la fois dans les édifices publics, en tant que portrait officiel, mais aussi dans les demeures de ses fanatiques, auxquels il distribue à l'occasion des photographies dédicacées[28]. Son image et sa personne sont au centre du culte national-socialiste, tout comme le salut allemand, le « Heil Hitler », est devenu la marque de politesse du IIIe Reich. Le buste de Hitler participe au déploiement du culte d'un grand homme, une figure de panthéon, et comme une révérence envers l'État dont il est l'incarnation. Dans les camps de concentration, la mise en place des statues manifeste la présence de l'État derrière la machine SS. D'autres bustes circulent au sein de l'ordre, et notamment celui de Himmler. Il n'est pas fait mention des sculpteurs ni des matières avec lesquelles les œuvres ont été fabriquées. Les demandes par le circuit de l'administration centrale laissent supposer qu'il doit s'agir de produits industriels, vraisemblablement en plâtre. Le bronze était alors rare et très recherché, en particulier pour la fabrication d'armements.

Parallèlement, des portraits photographiques de Hitler, Himmler et Göring sont adressés aux Kommandanturs. Göring est le numéro deux de l'État nazi. On comprend donc le désir courtisan de l'honorer, d'autant qu'il entretient de nombreux agents dans le domaine économique, en tant que responsables de la planification. Cependant, il est aussi l'ancien fondateur de la

Gestapo et un réformateur de la police politique. À ce titre, une partie des officiers des camps, issus des organes de répression, lui doivent leur carrière et lui vouent une dévotion tutélaire. Il en va de même pour les anciens aviateurs entrés dans le nazisme et passés à la SS, qui ont admiré le héros de la Première Guerre mondiale, le leader de l'escadrille von Richthofen. En 1944, des unités d'aviation contribuent à sécuriser les périmètres autour des camps et se trouvent ainsi directement impliqués dans le système de gardiennage. Or, elles sont sous le commandement du ministre de l'Air, Göring. Surtout, le maréchal est un des responsables de la gestion des camps et de leur organisation comme espaces d'extermination. C'est sous sa tutelle et celle de Himmler que Reinhard Heydrich a organisé la conférence de Wannsee en 1942, où ont été mises en place les modalités pratiques de l'extermination.

Himmler, chef de l'ordre SS, a aussi ses admirateurs, voire ses fanatiques. Sa photographie est distribuée en récompense à ses subordonnés les plus zélés, avec une belle dédicace. À Dachau, ses portraits sont accrochés à côté de ceux de Hitler, car il est le fondateur de l'institution, le responsable de l'acte de création et d'attribution officielle du site à la SS[29]. Pour la Kommandantur de Varsovie, une image de Hitler, accompagnée d'une œuvre d'art et d'un porte-drapeau, est envoyée en mai 1944[30]. Ils complètent un envoi précédent du mois de janvier 1944 : cinq portraits de Hitler, cinq de Himmler et cinq de Göring, dans cet ordre[31]. Nul ne sait s'ils sont tous destinés à des espaces publics ou s'ils se retrouvèrent finalement dans un logement privatif. Car de telles images remplissent une fonction décorative lorsqu'elles sont encadrées[32].

Les comportements devant ces images ne sont pas anodins. Ils reflètent le degré de fanatisme des personnes. Au sein de la SS, certains n'hésitent pas à traiter les portraits comme des icônes et à les saluer ostensiblement quand ils sont en public, comme s'ils s'adressaient directement à la personne. Rien d'étonnant dans cette pratique qui revient à exalter des esprits, un peu à la manière dont on honorait les morts pour la patrie, salués comme vivants par les troupes. Ce sentiment d'une instance spirituelle supérieure, les hommes et les femmes de la SS en prenaient conscience puisqu'ils prêtaient serment. En effectuant cet acte, ils assumaient que leur comportement soit en toute occasion soumis à une évaluation de conformité par leurs supérieurs.

Les cérémonies quotidiennes de lever des couleurs sont autant de piqûres de rappel de leur dignité. Les Waffen SS saluent comme tous les militaires le drapeau à croix gammée, devenu depuis 1935 l'emblème du Reich. Ils y ajoutent parfois l'emblème de leur régiment. Tous sont rompus à un art de la présentation publique des unités de garde. Ils défilent en rangs pour prendre leur poste et les officiers procèdent chaque jour à une revue. Les troupes organisent des prises d'armes solennelles quand un hôte de marque visite le camp, ou à l'occasion de l'inauguration d'un nouveau bâtiment de service : hôpital, Kommandantur, annexes ou résidences… À chacune de ces occasions, une cérémonie de remise des clés a lieu. Même alignement, mêmes gestes, même salut.

Anticipant de telles éventualités, l'Inspection des camps de concentration envoie à l'avance du matériel de décoration et des symboles aux responsables du matériel de chaque établissement. Les drapeaux, en particulier, sont adressés aux Kommandanturs. Sur les photographies des camps avant la guerre, les croix gammées sont visibles. Déjà en 1934, à Oranienburg, le salut aux couleurs du parti est entré dans les mœurs. Les détenus et les gardiens sont chaque jour assemblés dans la cour et doivent se tenir au garde-à-vous pendant la cérémonie d'honneur au drapeau. L'administration centrale concentrationnaire propose des drapeaux de différentes tailles pour décorer les bâtiments, suivant leur importance, jusqu'à l'entrée même des établissements.

Les gardiennes et les gardiens vivent cette esthétique au quotidien, mais pas uniquement. Outre les passages en revue et les longues séances d'appel des détenus, et mises à part les cérémonies d'inauguration, il existe dans les camps quelques moments solennels. Ils correspondent à la stratégie de l'état-major SS, qui ambitionne de créer un calendrier et des formes liturgiques qui détachent les femmes et les hommes des coutumes préexistant au nazisme. En cela le IIIe Reich n'est pas différent des tentatives fascistes et communistes à la même époque, ni des espoirs des révolutionnaires.

L'IKL est un vecteur efficace pour soutenir le nouveau calendrier SS. Elle adresse à ses hommes des brochures mises au point par différentes instances politiques, qui vont du parti à la SS en passant par le ministère de la Propagande. Parmi les dates importantes retenues pour fédérer les hommes, les plus classiques sont le 9 novembre, date du putsch de la Brasserie, et le 20 avril, anniversaire de Hitler, la fête du parti. L'attachement à ces deux dates est particulièrement fort parmi les officiers qui ont reçu le Blutorden (l'ordre du Sang), la distinction spéciale accordée à ceux qui étaient déjà dans le mouvement national-socialiste lors de la marche vers la Feldherrnhalle, en 1923. Tous ont une relation de fascination avec le Führer. C'est le cas notamment de Rudolf Höss, ou de la très étonnante Eleonore Baur, sœur Pia, une religieuse qui se trouvait au quatrième rang parmi les putschistes et qui demanda en 1934 à servir comme infirmière dans le camp de Dachau. Cette chef surveillante exerçait son pouvoir jusque sur la hiérarchie SS et semait la terreur parmi les détenus. Chaque année, elle prenait part à la commémoration munichoise. Elle n'oubliait jamais l'anniversaire de Hitler, son ami personnel. Par l'intermédiaire de l'Inspection, le département formation du bureau central de la SS fait passer aux Kommandanturs des documents pour ces dates de célébrations officielles[33].

Toutefois, l'événement qui nécessite la plus grande mobilisation de moyens des 6es bureaux est joyeux. Il s'agit de la fête du solstice d'hiver dont l'objectif est de supplanter le Noël chrétien : la Julfest. À cette occasion, l'Inspection envoie dans les camps à plusieurs centaines d'exemplaires des chandeliers et des bougies spécialement conçus à cet effet[34]. Ils ont été bien sûr fabriqués en porcelaine par la manufacture Allach, à Dachau[35]. Le personnel se réunit en général pour une grande soirée lors de laquelle les participants chantent des chansons, notamment celles qui figurent dans le recueil de la SS, allument des bougies sur le traditionnel sapin et posent sur les tables les chandeliers à motifs spéciaux. En général, la fête est accompagnée d'un dîner et de libations. La SS ajoute aussi une série de cadeaux sous la forme d'un petit paquet envoyé en masse pour les gardes des camps, comme aux soldats de la Waffen SS. Cette opération a un nom : la « Julpäckschenaktion », qui comporte le même mot Aktion que le programme de liquidation eugéniste, « Aktion T4 », pour les arrestations et déportations de masse, ou pour les exécutions collectives sommaires de juifs et de communistes sur le front de l'Est[36]. L'ordre SS se substitue ainsi à la famille :

il soulage les manques et les absences que crée un service loin de leurs proches pour la plupart des hommes de troupe.

Les enterrements constituent l'autre type de cérémonie qui fait l'objet d'échanges toujours plus nombreux au fil de la guerre. Face à la mort, les Waffen SS cherchent un réconfort collectif[37]. L'état-major a mis au point un rituel. Il a même été couché par écrit et diffusé par une brochure, *Vorschläge für die Abhaltung einer Totenfeier* (Conseils pour l'organisation d'une célébration mortuaire)[38]. Son envoi intervient avant les grands bombardements de la fin de la guerre et ne correspond pas au décès immédiat d'un garde. En fait, des surveillants SS sont tués dans les camps avant la guerre sans que la direction centrale pense nécessaire d'établir un modèle de cérémonial. À Buchenwald, par exemple, le 13 mai 1938, un chef d'équipe SS, le sous-officier Kallweit, est tué par deux prisonniers au cours d'une tentative d'évasion. Les deux prisonniers sont repris l'un après l'autre, après plusieurs semaines. Ils sont condamnés à mort par l'administration concentrationnaire et exécutés solennellement devant tous les détenus[39]. Leur corps reste suspendu plusieurs jours. Il en va de même à Auschwitz où un garde est touché par un tir lors d'une tentative d'évasion, six ans plus tard. Dans ces circonstances, les hauts dignitaires de l'ordre se rendent sur place et une cérémonie est organisée. Son objectif est moins l'enterrement du compagnon d'armes, dont la dépouille a été rendue à la famille, que la réaffirmation de la toute-puissance de l'ordre grâce une punition publique. Il faut humilier les coupables et inspirer la terreur à la population carcérale, car les SS redoutent les prisonniers en nombre croissant.

Les révoltes les plus graves ne donnent pas lieu à un cérémonial identique, car elles touchent des établissements en voie de fermeture. C'est d'abord, le 2 août 1943, l'insurrection du camp de Treblinka, dont les SS préparent la destruction et camouflent les installations sous des plantations, afin de masquer les traces de l'extermination. Là, plusieurs SS de la garnison sont assassinés, permettant l'évasion de plusieurs centaines de détenus dont une large partie est reprise et exécutée par les forces policières et militaires lancées à leurs trousses. Deux mois plus tard, le 14 octobre 1943, les derniers prisonniers du camp de Sobibor, voyant leur fin venir, attaquent à leur tour les SS. Ils tuent une dizaine de gardes et des auxiliaires ukrainiens avant de s'enfuir. La traque est là encore conduite par des unités interarmes coordonnées par la SS. Elle est l'occasion d'exécutions sommaires et de tortures, avant que le gros des prisonniers repris et ramenés au camp ne soient passés par les armes. La mort des gardes est connue dans les autres camps, notamment au sein des unités à tête de mort. Elle suscite l'inquiétude de la hiérarchie qui veut maintenir le moral de ses troupes et garantir leur sécurité.

Désormais, l'état-major recommande la plus grande attention à l'heure de la fermeture des camps. Il faut faire précéder les opérations par des liquidations plus fréquentes des équipes de prisonniers chargées du démontage et du nettoyage des installations d'extermination.

La diffusion massive de la brochure sur l'organisation des funérailles des SS correspond à un changement de situation. L'univers concentrationnaire, qui se trouvait loin du front, est en effet progressivement rattrapé par la guerre. Il est d'abord frappé par des bombardements après 1942 et, ensuite, par l'avance des troupes adverses, de l'Armée rouge surtout, à partir de 1944. Même si les décès parmi les surveillants ne sont pas très nombreux, chacun fait l'objet d'une cérémonie solennelle. En témoigne la mobilisation pour le décès de Richard Pelger, qui sort du cadre usuel des funérailles. Ce SS du camp de Mauthausen est mort à 24 ans, à la suite d'un accident vasculaire cérébral. Le commandant du camp demande la venue d'un officier supérieur pour son enterrement, qui doit avoir lieu le 22 janvier 1944 en présence des parents. Il prononcera le discours. On devine derrière cette demande l'émotion d'un groupe devant un accident, dans le contexte paradoxal d'une Allemagne déjà très fragilisée, sur le front de l'Est. Le personnel de la Waffen SS sait qu'en cas de décès le discours doit être tenu par le supérieur immédiat du défunt. Himmler, en effet, veut éviter que les SS ne deviennent une sorte d'Église, avec une hiérarchie digne de celle des évêques. La parole doit circuler entre camarades. Le rituel pour les enterrements suit la tradition des cérémonies funèbres : un moment de recueillement, un discours, le salut des camarades, une salve d'honneur, le défilé devant le mort et les proches. Seuls changent la couleur des uniformes et, dans l'optique des SS, l'absence d'hommes d'Église[40].

L'atmosphère s'alourdit avec les bombardements. Le 13 septembre 1944, une première attaque sur les usines IG Farben près de Monowitz tue une quinzaine de SS et près de quarante détenus. C'est une première à Auschwitz. Ainsi disparaît l'illusion d'impunité. D'ailleurs, le personnel sait que les installations de Majdanek, près de Lublin, ont été prises par les Soviétiques, dès le mois de juillet. La direction SS insiste pour que les hommes se tiennent prêts au combat. Le commandant adjoint d'Auschwitz, Karl Höcker, doit ainsi emmener les agents de la Kommandantur sur le pas de tir, afin de réviser avec eux le maniement des fusils. Ils profitent des journées chaudes de l'été finissant pour s'exercer. La présence des photographes du laboratoire d'Auschwitz montre la rareté de l'événement, soit que les SS de la Kommandantur se soient peu entraînés, étant affectés à des tâches de bureau, soit que la reprise de l'entraînement militaire ait été perçue comme devant être signalée. La gestion des armes ne va pas sans problème. Après une tournée d'inspection, le commandant d'Auschwitz Baer est contraint de rappeler par ordre de ne pas laisser les fusils et les armes de poing sans surveillance. Son attention pour les hommes ne se limite toutefois pas à la question de la sécurité, puisqu'il organise, après le 13 septembre, une collecte d'argent pour les familles des SS défunts.

En décembre 1944, le deuil frappe de nouveau les gardes d'Auschwitz à cause d'une série de bombardements, en particulier sur le site de Monowitz. Ils ont lieu le 18 et le 26 décembre, mais la frayeur est encore au rendez-vous quand le bruit des moteurs se fait entendre le 21 : les aviateurs alliés sont revenus prendre des clichés pour s'assurer de l'efficacité de leur travail. Ces bombardements font plusieurs morts parmi les SS, en particulier celui du 26 décembre. Les bombes qui visent les installations industrielles ont aussi atteint l'hôpital SS inauguré en grande pompe à l'été par Höcker, Baer, Bischop, Wirths et Höss. L'enterrement des gardiens tués a lieu deux jours plus tard. Hommage est notamment rendu à cinq membres de la Kommandantur qui ont péri[41]. Les veuves et les enfants des défunts sont présents. Une garde d'honneur tire une salve et le commandant dit quelques mots d'hommage et de réconfort. Le cérémonial SS de deuil est respecté.

L'ordonnancement du deuil et son cérémonial ont pour but de canaliser les émotions des gardiens face à la mort de leurs collègues.

Comme des soldats en guerre, ils jettent un regard presque indifférent sur la mort de masse qui est leur métier et ne doit pas provoquer en eux de sentiment comparable. Là se résume toute la perspective déshumanisante du camp de concentration : on pleure pour une poignée de camarades allemands morts dans un bombardement, on pense à leurs familles, on se mobilise pour elles, et dans le même temps on achève de démanteler le camp, notamment ses crématoires qui encore l'été précédent ont servi à la liquidation de 400 000 juifs de Hongrie.

Avec les enterrements et leurs consignes, à partir de 1944, se manifeste le basculement dans une autre période. La pression s'accroît sur les camps de concentration qui deviennent des cibles militaires, à cause de leur rôle dans la production d'armement. Bombardements et progression des troupes alliées font peser un climat d'inquiétude au sein de l'administration concentrationnaire. Pourtant, l'année 1944 est loin d'être réduite à une série d'enterrements et à une lente dégradation des conditions de vie des gardiens et des surveillantes. On pourrait même croire, à observer les photographies de l'album Höcker, que le quotidien reste encore principalement partagé entre travail et amusement, comme dans n'importe quel univers routinier.

VII

Sortie de guerre et fin de partie

À partir de janvier 1945, la situation des gardiens de camp et des surveillantes ne cesse de se dégrader. Dans un premier temps, la progression de l'Armée rouge a été anticipée et des transports ont permis de regrouper les prisonniers dans de nouveaux établissements. Ces mouvements sont particulièrement pénibles pour les détenus, de nouveau entassés dans des wagons, sans nourriture et sous la surveillance d'hommes inquiets des risques d'évasion.

Des bourreaux dans l'inconfort

Mais avec l'évacuation d'Auschwitz, la panique gagne et la logique de déménagement des meubles va de pair avec l'idée d'éliminer physiquement les détenus fragiles. Dans la cour, les SS mitraillent des femmes et des hommes à la santé précaire avant de partir ; ils poussent le gros des déportés devant eux, tirant sur ceux qui s'attardent ou peinent à avancer. Les prisonniers doivent effectuer une marche de cinquante kilomètres dans la neige et le froid, sans nourriture ou presque, pour gagner une station ferroviaire d'où des trains les conduisent vers d'autres camps.

Les officiers comme Höcker partent en voiture, laissant derrière eux une documentation partiellement détruite, tout comme leurs souvenirs, à en juger par le témoignage dudit Höcker devant le procureur de Munich, près de vingt ans après les faits, quand s'ouvre le deuxième grand procès d'Auschwitz. Höcker prétendra en effet ne pas avoir vu les files de prisonniers avancer dans le froid ; il niera avoir observé des SS procéder à des exécutions sommaires à cette occasion. L'évacuation d'Auschwitz se réduit à un acte anodin pour l'officier, alors que la marche de la mort, comme elle fut baptisée par les détenus, est restée un moment symbolique de la violence sans fin du système concentrationnaire.

Comme les autres gardes, Höcker, ancien adjoint du commandant en chef d'Auschwitz, reçoit une nouvelle affectation. Franz Hössler, ancien chef de la détention de Birkenau et commandant adjoint du camp des femmes, a déménagé un peu plus tôt sa famille vers l'arrière. Il accompagne un groupe de détenus affectés à Dora-Mittelbau dont Höcker et Baer ont pris la direction. Les anciennes équipes ne sont pas totalement dispersées. Il faut conserver l'esprit de corps et les savoir-faire des groupes qui ont été efficaces.

Heinrich Schwartz, un des anciens commandants de camp à Auschwitz, rejoint en février le camp de Natzweiler en Alsace, au lieu dit du Struthof, avec sa famille. Il y succède à Josef Kramer qui a été nommé à Bergen-Belsen après Birkenau en 1943. Mais quelques semaines plus tard, il doit prendre la fuite devant l'avance des troupes américaines. Il trouve quand même le temps d'évacuer à marche forcée les prisonniers restés dans le camp.

Plusieurs surveillantes avec qui il a travaillé à Auschwitz sont affectées à Ravensbrück. Elles sont placées dans le secteur féminin. L'évacuation est ordonnée le 28 avril 1945. La femme du commandant a été hissée sur un chariot et six détenus squelettiques doivent tirer cet étrange équipage sur la route[1]. Des gardiennes armées de pistolets assurent la surveillance de la colonne. Quelques surveillantes de Ravensbrück ont été affectées entre-temps à Bergen-Belsen afin de compléter les effectifs attribués à Josef Kramer. À Dachau, lors de l'évacuation, les bagages des officiers et de quelques hommes ont été posés sur une voiture si lourde qu'il faut 25 prisonniers pour la tirer. Les chefs SS avaient tant de souvenirs à emporter[2]...

Les marches de la mort n'ont pas été suivies en personne par les officiers supérieurs. Seuls quelques gardes et sous-officiers assument la brutalité de la surveillance des colonnes. Ils ont reçu des ordres avant le départ. En ce printemps 1945, le personnel sait que ces marches ont pour objectif véritable de liquider des prisonniers, car ils sont autant de témoins gênants de la cruauté des camps nazis. Les SS craignent la libération des détenus qui pourraient se venger et rendre compte de leurs crimes. En les lançant sur les routes, ils espèrent les pousser à l'épuisement, et exécuter sommairement les plus faibles. Leur passion idéologique leur fait oublier qu'ils s'astreignent aux mêmes épreuves absurdes. Même s'ils profitent des haltes pour se restaurer et se nourrir quand les déportés ne reçoivent aucune ration alimentaire, la période est loin de ressembler aux parties de plaisir que représentait pour eux la vie en camp.

Encore au début du mois de mai 1945, il leur est proposé de rejoindre des unités combattantes. Des hommes comme Höcker, qui accepte, se retrouvent alors sur le front allemand en pleine débâcle. D'autres restent en poste et assistent à la chute des camps. De fait, les conditions de vie des gardiens et leurs loisirs se réduisent brusquement, quand le système concentrationnaire entre en déliquescence.

À Bergen-Belsen, en particulier, tout s'effondre rapidement. L'établissement était encore petit en 1943. L'afflux massif de prisonniers dans des installations sous-dimensionnées explique la dégradation en quelques jours des conditions de vie des SS[3]. En mars, l'électricité et l'eau sont encore disponibles. Mais l'administration adresse au camp des prisonniers malades et fait exploser le nombre d'internés. Prévues un an plus tôt pour environ 2 000 individus, les baraques de la première zone en détiennent désormais 20 à 25 000. Les toilettes sont insuffisantes et les équipements sanitaires quasi inexistants. Pourtant, les gardes poursuivent leur travail. Dans cette période, ils abattent encore par balle un prisonnier tentant de s'échapper et frappent les détenus. Mais la mort de masse arrive dans le camp avec la faim et la maladie. Les détenus qui débarquent d'autres camps où ils croyaient avoir touché le fond de l'enfer constatent avec effarement l'état de saleté de Bergen-Belsen. Les conditions terribles finissent par affecter le personnel. Peu avant la Libération, un bombardement ayant détruit une usine de production, le groupe électrogène ne fonctionne plus et la pompe n'est plus alimentée. Sans eau ni électricité, le personnel reste en poste. Depuis le 1er avril, le crématoire a cessé son activité. Les corps s'empilent. Devant les décès qui se multiplient, les SS mobilisent les prisonniers encore valides pour creuser des fosses et y traîner les cadavres. La mort les prend de vitesse. Un chaos de restes humains envahit les allées et les cours. Finalement, l'administration décide de fuir et de détruire la documentation. Le 12 avril, la plupart des gardes partent. Le camp est laissé sous la surveillance d'auxiliaires hongrois et de soldats de la Wehrmacht. Mais, le 13 avril, quelques SS reviennent ; ils ignorent qu'un accord a été conclu entre les Britanniques et les militaires de Belsen. Le 15 avril, les premières unités combattantes anglaises entrent dans le camp et découvrent une telle horreur qu'elles demandent immédiatement à des cameramen de conserver des images d'une situation insoupçonnable quelques jours plus tôt. Kramer, Hössler et quelques surveillantes sont arrêtés. Les soldats anglais les observent comme des monstres. Les autorités britanniques ne placent pas immédiatement en détention les anciens tortionnaires de Bergen-Belsen. Elles les obligent à participer à l'enfouissement des masses de cadavres. Seize surveillantes et vingt et un SS dont le commandant Kramer se retrouvent ainsi dans le rôle inverse de celui pour lequel ils s'étaient engagés.

Déjà, les indices et les preuves de mauvais traitements sur les prisonniers sont relevés. Les enquêtes sont rapides, car les Britanniques souhaitent un procès pour ces crimes. En quelques mois, l'instruction est prête. Le 17 septembre 1945, quarante-huit gardiens et surveillantes passent en jugement à Lunebourg, pour les crimes commis à Bergen-Belsen. Franz Hössler avait-il encore un souvenir des beaux jours passés à Auschwitz, dans la Sola Hutte qu'il avait construite ? ou bien cette question des loisirs lui paraissait-elle un secret à enfouir au plus profond de lui-même ?

Les procès et l'éclipse des loisirs

Les commentaires et les débats du procès insistent sur les violences et les crimes. Les verdicts vont de la relaxe à la condamnation à mort. À ce moment, la question du mode de gestion du personnel est placée au second plan par les tribunaux. Les juges cherchent à fixer un cadre d'analyse qui fait du système SS un contexte plutôt qu'une contrainte. Il importe d'établir les faits et les responsabilités de chaque garde, surveillante ou kapo mis en accusation. Devant l'horreur de la mort de masse, les cours continuent de fonctionner suivant des règles de procédure qui excluent de fait un jugement automatique pour une catégorie particulière de criminels. Dans cette optique, les tribunaux ont à cœur de distinguer des niveaux d'action et de décision. Ils cherchent à établir la part de cruauté spécifique de certains agents ou surveillantes. Si Juana Bormann est condamnée à mort, comme Irma Grese et Elisabeth Volkenrath, ce n'est pas pour sa participation au système concentrationnaire, mais parce que les témoignages concordent sur sa cruauté. Elle lançait son grand berger allemand contre les prisonnières, frappait des femmes à mort pour avoir subtilisé des légumes... De son mode de vie en dehors du camp, les juges ne voulaient rien savoir. Le dossier était déjà assez accablant.

La même problématique se retrouve dans la série des procès qui sont conduits à Dachau entre 1945 et 1948. Ce sont d'abord 200 membres du personnel et des officiers de Dachau, Buchenwald, Flossenbürg, Mauthausen, Nordhausen et Muehldorf qui sont poursuivis. 1 672 individus paraissent devant ces tribunaux militaires américains. Mais viennent ensuite 800 gardes et administrateurs de camps annexes et de Kommandos. Signe que toutes les catégories n'étaient pas encore bien définies. Certains des accusés figuraient au titre de criminels de guerre, d'autres pour des actions accomplies dans les camps sans que la notion de crime contre l'humanité apparaisse dans les actes d'accusation. La responsabilité individuelle était posée au cœur du processus.

Les enquêteurs américains découvrent des pratiques ahurissantes, qui contribuaient à former l'esprit de corps des gardes SS[4]. Ils notent ainsi qu'à partir de 1942, dans le camp de Dachau, les surveillants dépècent les prisonniers pour en faire des objets après avoir fait subir à la peau des traitements chimiques ou tout simplement l'avoir laissée sécher au soleil. Certains sont même allés jusqu'à faire tatouer des prisonniers avant de les tuer pour réaliser un objet. Loin d'être une déviance ne concernant que quelques individus, les juges constatent l'existence d'un véritable commerce de symboles corporels. Les crânes de prisonniers russes sont ainsi distribués au sein de l'école des sous-officiers SS de Dachau et dans d'autres établissements gérés par la Waffen SS. Cela n'empêche pas le commandant de Dachau, Martin Gottfried Weiss, de dire que tous les ordres d'exécution et toutes les expériences médicales sur les détenus ne dépendaient pas de son autorité et qu'elles avaient été ordonnées par les plus hautes autorités. Il respectait ainsi la fiction voulant que seul Hitler ait eu droit de vie et de mort sur les détenus. Les prélèvements de peau et de crânes manifestaient cependant des comportements non professionnels qui exprimaient la croyance des gardiens dans leur supériorité et leur sentiment que les non-Allemands, en particulier les juifs et les Slaves, n'étaient pas vraiment humains.

Le témoignage d'un autre accusé du procès de Dachau éclairait par contraste la quête de plaisir des gardes et de leurs chefs dans les camps. Wilhelm Welter était bien placé pour les repérer. Marié, père de trois enfants et âgé de 32 ans au sortir de la guerre, ce SS était entré dans les compagnies à tête de mort en 1938 et avait servi à Dachau entre 1939 et 1943 en tant que chef de Kommando, chargé de répartir le travail des prisonniers slaves. Puis il avait effectué des périodes militaires, notamment sur le front de l'Est où il avait été blessé d'un éclat de grenade en janvier 1944. Après une longue hospitalisation, il était reparti pour le front avant la fin de la guerre. Finalement, il s'était rendu aux Américains. Dans son témoignage, outre des remarques sur l'élimination des prisonniers, il rappelait les pratiques des officiers pour améliorer leur ordinaire. Le commandant Piorkowski, par exemple, s'était fait construire par les détenus une « maison de week-end » entièrement meublée. Il prélevait aussi des chaussures et des vêtements dans le camp pour les revendre. Sœur Pia n'était pas en reste. La grande amie de Hitler, qui s'occupait de l'infirmerie, ne dédaignait pas les avantages matériels : « Elle a son propre contingent de détenus qui s'occupent de sa maison et de son jardin à Munich… Elle demande et ne paie jamais[5]. » La dimension tribale de la SS autorisait toutes les exceptions, bien loin du caractère officiel et des instances légales en vigueur sous le nazisme.

Or, à cette date, c'est l'institution SS qui préoccupe les Alliés. Une circulaire du 26 avril 1945 réclame l'arrestation de tous les officiers et sous-officiers de la Waffen SS en tant que membres de l'organisation.

Quand s'ouvre le procès de Nuremberg, le 20 novembre 1945, elle figure parmi les organisations criminelles. Il faut attendre la 24e session, le 19 décembre, pour que le tribunal aborde la question. Warren J. Farr, un des procureurs adjoints américains, est chargé de la présentation. Son expertise est si longue qu'elle nécessite d'être étalée sur deux jours. Farr a choisi de montrer que dès l'origine les SS formaient un groupe dangereux qui a comploté contre la paix. Il revient ainsi à la naissance de l'organisation, à son attitude dès la prise de pouvoir. Il souligne que, dès l'ouverture du camp de Dachau, quatre meurtres de détenus ont été commis par des gardes et couverts par la hiérarchie qui mentait délibérément pour couvrir des actes qu'elle encourageait. Sa prise de parole ne concerne pas seulement les SS à tête de mort, mais embrasse toute l'organisation. D'ailleurs, Farr a fait placer un grand tableau présentant l'organigramme de la SS dans la salle d'audience et passe en revue toutes les fonctions exercées par les hommes en noir. Au terme de son intervention, il apparaît clairement que Himmler et ses subordonnés ont été bien plus que les outils passifs d'une politique de domination par la violence. Ils ont mis en œuvre une véritable extermination de masse et la mise en esclavage de millions d'enfants, de femmes et d'hommes. Ils se sont rendus coupable de crimes contre l'humanité. Le tribunal de Nuremberg le suit et condamne la SS en bloc comme institution criminelle. Une telle décision reflète assez bien la façon dont l'organisation avait pris en charge les liquidations politiques de masse et le génocide des populations juives et tsiganes d'Europe.

Pour autant, le procès de Nuremberg n'a pas abordé le management des effectifs. Une fois de plus, il s'agissait d'évaluer le rôle des individus plutôt que d'analyser les processus sociaux qui avaient rendu possibles les massacres de masse et tous les crimes contre l'humanité. Doit-on reprocher cela aux magistrats alliés qui instruisaient les poursuites ? À l'évidence, nul n'aurait alors songé à demander aux juges un travail de savant. Les objectifs de la justice et ceux de l'historien s'écartaient. Mais un autre facteur a joué. L'absence de véritables acteurs du travail des ressources humaines de la SS au procès des

24 principaux responsables du IIIe Reich explique l'éclipse de cette question.

Les gestionnaires du temps libre des SS, en effet, ont connu des destins assez différents au lendemain de la guerre. Bien sûr, de hauts dirigeants se sont suicidés, comme Himmler. Quant à Eicke, qui avait contribué comme premier inspecteur des camps de concentration à établir les distractions, il était mort durant le conflit. Son successeur à la direction de l'Inspection desdits camps, Richard Glück, confronté à la défaite, choisit lui aussi le suicide, le 10 mai 1945. Le 25 janvier, en effet, ce criminel de bureau avait reçu la croix allemande en argent, sur proposition de Hitler. Cette haute distinction lui avait été décernée précisément pour son rôle d'organisateur. Il avait dirigé 40 000 hommes placés dans les unités de surveillance et de gardiennage. Ses il commandait 15 camps de concentration et 500 camps annexes et était responsable de la détention de 750 000 personnes, en tant qu'inspecteur des camps et chef du bureau D. À travers lui, Hitler approuvait le travail accompli par l'IKL. Glück avait tout mis en œuvre pour satisfaire les besoins de l'industrie de guerre en matière de main-d'œuvre. Et soudain, le monde auquel il avait cru s'était écroulé.

Son supérieur hiérarchique, Oswald Pohl, avait mis en place les circuits économiques de la SS et largement trouvé les moyens financiers pour faire fonctionner la politique de loisirs et les rituels SS. S'il a préféré rester en vie, c'est peut-être à cause de sa femme. En 1945, il se cache d'abord plusieurs mois avant d'être retrouvé et arrêté par les troupes anglaises. Il est alors déféré devant le tribunal de Nuremberg où il est jugé, lors d'un procès spécifique, avec 17 de ses principaux collaborateurs. Condamné à mort, son verdict est maintenu par le haut-commissaire américain Mc Cloy. Avant son exécution, Pohl a publié en 1950 son *Credo*, confessant son retour dans le giron de Rome[6]. Dans ce texte à la tonalité souvent mystique, il glisse des références à son expérience au niveau de la direction de la gestion et de l'économie de la SS. Il déclare n'avoir jamais ordonné l'exécution de quiconque ni encouragé à battre à mort un détenu. Il blâmait son mode de vie d'alors comme une descente aux enfers, une tentation, une illusion, qui l'avait éloigné de la vraie vie de l'esprit. Il rejetait désormais le culte barbare de la SS dont il avait tant contribué à promouvoir les valeurs dans les années de guerre. Sa seconde épouse, Eleonore, a suivi la même trajectoire. Certes, en critiquant rétrospectivement leur mode de vie, les deux époux espéraient obtenir la grâce du condamné à mort. Cependant, le texte vantait une forme d'ascétisme et de dénuement assez contradictoire avec la politique d'enrichissement, de quête effrénée de bien-être et de promotion des loisirs, dont Oswald Pohl avait été le dépositaire avec les autres dirigeants SS.

Le bilan tiré de l'encadrement des loisirs par la SS est difficile à établir. Dans la justification écrite en attendant son jugement, Höss feint de croire qu'il n'avait aucun loisir. Il parle des soirées avec ses subordonnés comme de réunions de travail. Il n'évoque pas la Sola Hutte ni les parties de chasse. Il mentionne l'équitation comme sa seule distraction. Le contexte des poursuites pénales n'était pas propice à l'aveu d'avantages ou de plaisirs vécus dans les camps. Pis encore, cette question était volontairement masquée par les anciens responsables du IIIe Reich, car ils devinaient l'hostilité que soulèverait la révélation d'un bonheur assis sur un tas de cadavres.

La logique du procès pervertissait ainsi la mémoire de la réalité du régime nazi. Les procureurs et les magistrats enquêteurs posaient des questions sur des crimes et cherchaient des preuves pour soutenir leur accusation. Dans leur quête de justice, ils n'étaient pas astreints à rechercher les circonstances précises afin d'établir non pas le niveau de responsabilité, mais les raisons des actions, en d'autres termes la phénoménologie du crime. Il faudra que des victimes de déportation comme Eugen Kogon commencent à mener des enquêtes sur les camps et leur mécanique pour que, progressivement, se fasse jour l'interrogation sur le fonctionnement de l'institution SS, son projet et ses méthodes de mobilisation du personnel.

Arrêté trois fois avant d'aboutir à Buchenwald en 1939, Eugen Kogon est resté six ans enfermé dans le camp. Bien que de père russe, il appartient au corps des prisonniers politiques allemands et, à ce titre, est employé par l'administration à diverses tâches qui lui permettent de survivre et d'observer le camp. Il était un des opposants catholiques au IIIe Reich. En 1945, à la Libération, Kogon travaille un temps pour les Américains et en profite pour rédiger un rapport sur le fonctionnement de la SS qu'il publie l'année suivante sous le titre de *L'État SS*. Il en présentera les principales conclusions lors de son témoignage, en 1947, dans le cadre du procès du bureau de gestion de la SS.

Kogon a perçu très tôt que cette gestion des hommes et des gratifications matérielles et symboliques était l'une des conditions premières d'accomplissement du génocide. Dans son livre, il privilégiait trois facteurs. D'abord, la qualité des installations : elle reflétait la rupture entre les seigneurs et les inférieurs que représentaient les détenus ; elle disait l'investissement sur un groupe. Ensuite, Kogon dénonçait la pitoyable façon qu'avaient les détenus de passer leur temps libre, et pointait le contraste avec les gardes pour lesquels tout avait été prévu. Ses remarques ont d'ailleurs été amplifiées par l'écrivain Jorge Semprun qui, dans ses Mémoires, décrit les dimanches après-midi, jours de repos hebdomadaires pour les détenus, qui en profitaient pour chercher des nouvelles de leurs proches ou de camarades dont ils savaient la présence dans l'enceinte. C'est ainsi que Semprun a pu suivre l'agonie du sociologue Maurice Halbwachs dont il avait écouté les cours à la Sorbonne. Les prisonniers les plus privilégiés, si l'on peut dire, avaient accès à une bibliothèque et assistaient à des projections moyennant finance. Mais tout cela paraissait dérisoire au regard des conditions très favorables dont jouissaient les gardes et leur personnel d'encadrement. La débauche de moyens mis à leur service révélait, selon Kogon, l'absolu arbitraire des SS et le délire d'un régime qui tuait et appauvrissait les uns pour engraisser les autres. Le premier il a signalé l'existence du zoo de Buchenwald, le degré de corruption de Karl Otto Koch, commandant de ce camp, et l'âpreté au gain de gens avides de faire fortune grâce à des eldorados de cadavres. Kogon enfin utilisait la question des loisirs pour prouver la folie bureaucratique du régime.

La description pionnière de Kogon a stimulé l'attention d'autres détenus de premier plan qui ont rédigé des enquêtes ou des mémoires sur les camps. Contrairement à une historiographie prompte à s'emparer des victimes pour décrire le système, ils ont tenu à parler des gardes et à souligner l'inégalité radicale de leurs conditions. Langbein pour Auschwitz a bien souligné l'emprise du camp sur toutes les vies. En rappelant les interactions entre surveillants et surveillés, en décrivant les activités de chacun, il a donné à connaître l'histoire d'un système.

Ce sont encore des survivants qui ont organisé les campagnes de témoignages autour des grands musées et qui ont pensé à décrire par le menu l'exploitation et le travail forcé dans les maisons des SS. Les anciennes servantes ont ainsi rendu compte de l'intimité qui avait si bien été cachée. Sans leur témoignage, un maillon essentiel de l'ingénierie sociale nazie serait resté méconnu.

En suivant les pistes qu'ils ont ouvertes, l'historien est surpris de retrouver la cohérence d'une administration centrale. Il repère dans la structure même des institutions la volonté de définir la politique de bien-être et de distribuer aux élites politiques des avantages matériels, et non pas uniquement des gratifications symboliques. Le regard sur les bourreaux se déplace ainsi pour s'éloigner des déterminations psychologiques simples.

Les gardes ne présentaient pas un caractère propre de bourreau. Il n'a pas existé non plus de situation typique du théâtre sartrien dans laquelle les rôles de chacun auraient été interchangeables, en fonction du développement des rapports entre les protagonistes de la vie d'un camp. La gestion des ressources humaines de l'état-major SS interdisait ces fictions. Elle insérait l'histoire dans un sens bien précis. Les règles et les structures mises en place allaient plus loin qu'un jeu de représentations ; elles canalisaient les conduites et donnaient des cadres à l'économie psychique. La question du passage à l'acte ne relevait donc pas vraiment d'une décision personnelle, d'une forme d'intime conviction. Elle était largement conditionnée par les dynamiques des acceptations enchaînées et des accords donnés à l'institution. Les petits bénéfices et les plaisirs créent des obligations. Et cela, le commandement SS l'avait compris.

Certes, le passage à l'acte nécessitait des conditions particulières. Mais en observant la machine bureaucratique à l'œuvre, nous voyons comment la violence au quotidien est devenue simplement objet et condition de travail des hommes et des femmes qui étaient employés à Auschwitz. Les à-côtés, la famille, les distractions n'ont pas été développés par hasard dans cet univers. Et de leur étude se dégagent les ruses des dirigeants pour limiter les crises de conscience. Dès lors, la position de bourreau, qu'il soit tueur, aide ou complice, n'est plus discutable en termes de faiblesse de caractère ni de détermination culturelle. Elle apparaît pour ce qu'elle est, le produit d'un système d'organisation qui a rationalisé toutes les conduites pour les mettre en phase avec le projet collectif. Il ne s'agit pas une minute d'exonérer quiconque de ses responsabilités en faisant peser sur le seul état-major SS les décisions de liquidation. Chacun avait sa marge de manœuvre et sa liberté de durcir ou d'adoucir une situation. La demande et le soutien de la hiérarchie n'expliquent pas tout. La volonté individuelle n'était pas une fiction sous le IIIe Reich ; elle était motrice. Il faut le rappeler, nous parlons d'un groupe qui du début à la fin a choisi de tenir un objectif, celui de créer une nouvelle société racialement pure. Un groupe suffisamment conscient de son rôle pour vouloir porter dès 1936 sur son front et sa poitrine la tête de mort. La psychologie sociale, à force de vouloir donner une indication clinique de cet univers, a perdu de vue les stratégies institutionnelles qui ont créé les conditions spécifiques du massacre. Le monde savant a peiné à reconnaître ce terrain. Il a très vite identifié la structure des camps et leur rôle dans l'évolution des sociétés, mais il a rechigné à voir de plus près les acteurs qui ont pris part à ce processus, quand ils n'étaient pas de haut gradés ou des êtres singuliers, exceptionnels par leur barbarie ou leur déviance.

L'intérêt pour l'histoire des surveillantes des camps, des hommes de troupe, des sous-officiers, des obscurs, en somme, a été suscité par un étrange détour : des enquêtes situées hors des camps. Elles avaient pour objet les unités de tueurs de masse du front de l'Est, les Einsatzgruppen. Là encore, des figures méconnues et des soldats anonymes qui pourtant ont contribué par balles à la Shoah.

VIII

Retour sur le siècle des gardiens

Le modèle du camp allemand, la gestion du personnel qu'il supposait, et les loisirs qu'il leur accordait, transforment la vision que nous pouvons avoir du XXe siècle des gardes. À bien des égards, ce modèle paraît sortir de l'ordinaire des formes de détention de masse imaginées par les différents régimes politiques au gré des dictatures et des guerres. Bien sûr, la réclusion de groupes importants n'était pas une nouveauté.

GARDER, TRIER

Le XIXe siècle avait vu son lot de prisonniers en nombre à l'occasion des guerres qui depuis l'Empire avaient déchiré l'Europe. Les Français ont ainsi connu la captivité par milliers (déjà) après la défaite de Sedan, avec ses 80 000 prisonniers isolés sans ressources, en 1870. Mais l'entrée dans le XXe siècle s'est caractérisée par une évolution des logiques d'enfermement sous l'effet de l'impérialisme. Désormais, la réclusion dans un camp correspond à un projet de conquête territoriale et de ségrégation des populations. Une technique de gardiennage spécifique émerge, différente de celle de la prison. La logique concentrationnaire se résout dans la figure du camp[1].

Tout part d'une idée simple : la contention de populations civiles pour éviter leur soutien à un corps militaire en guerre. Le surveillant a donc à voir avec les forces militaires pour exercer un travail intermédiaire entre le renseignement (police politique et tri des populations enfermées) et la répression (maintien dans l'enceinte et, le cas échéant, élimination de tout ou partie des prisonniers). Sur ce plan, la seconde guerre des Boers, qui opposa les Britanniques et les descendants des premiers colons d'Afrique du Sud, de 1899 à 1902, a représenté une démarche initiatique. Les camps bloquaient des civils considérés comme des complices potentiels des combattants. Les soldats britanniques obéirent à leurs chefs et se firent les gardes de ces espaces d'un nouveau genre où s'entassaient des hommes, des femmes et des enfants que l'on regardait mourir dans des conditions de faim et de détresse sanitaire créées par la négligence volontaire des geôliers. Les Britanniques pensaient ainsi faire pression sur les Boers et limiter la durée de leur soulèvement. Le statut des gardiens militaires du Royaume-Uni ne différait pas de celui des autres régiments. Ils recevaient les mêmes consignes, mais leur besogne n'avait rien du côté glorieux et héroïque d'une belle charge de cavalerie…

Gardiens du Goulag

En 1917 la révolution soviétique introduit une rupture radicale du point de vue des surveillants. Pourtant, rares sont les études qui ont été consacrées à ses gardiens de camp. Comme dans le cas nazi, il n'existe pas d'étude systématique des agents concentrationnaires du NKVD (commissariat du peuple aux Affaires intérieures) ni de leur activité, alors que nombreuses sont les histoires du Goulag (acronyme du russe pour Direction principale des camps). Or, dès les débuts de la révolution, l'enfermement de masse a nécessité des effectifs de surveillance imposants. En 1917, en effet, les dirigeants mencheviques et bolcheviques créent des camps pour enfermer leurs adversaires politiques, les prisonniers de guerre ennemis et toutes sortes de délinquants. Ils les nomment déjà camps de concentration. Les gardes sont recrutés parmi les volontaires partisans, les militaires et la police, en supplément d'une administration pénitentiaire largement débordée. Le caractère provisoire, voire éphémère, de ces camps explique alors l'absence d'une véritable administration capable d'opérer une coordination de la politique de contention.

Plus le régime dure, cependant, plus l'institution concentrationnaire précise son fonctionnement et la place qu'elle attribue aux membres de son administration. Les établissements se pérennisent. Ils accueillent des prisonniers qui sont un mélange d'opposants politiques et de « déviants ». Le nombre de détenus qui a baissé après la guerre civile (1917-1923) remonte et dépasse plusieurs centaines de milliers d'individus. Progressivement, deux systèmes concentrationnaires ont vu le jour dans les années 1920, partagés entre la sécurité politique et le ministère de la Justice. En 1934, les deux institutions sont fondues en une sous l'autorité du NKVD, véritable ministère de la Sécurité et du Renseignement politique. Il rassemble alors environ 500 000 détenus. C'est en son sein qu'une administration centrale pour les camps a été créée : le Goulag. La concordance de dates avec l'attribution à la SS de la gestion des camps nazis est due au hasard, mais elle invite à la comparaison.

D'abord, en considérant le personnel. Les différences sont nombreuses et quelques précisions s'imposent. Premièrement, les gardiens soviétiques de l'univers concentrationnaire ne doivent pas être confondus avec ceux qui opéraient un encadrement administratif dans les colonies spéciales de peuplement. La différence ? Dans une colonie de peuplement, il n'existe pas de barbelés, alors que les camps sont entourés par des kilomètres de fils barbelés. Les personnes déplacées dans les zones de peuplement restent dans leur lieu d'affectation par défaut de transport et à cause de l'hostilité de l'environnement, désertique et/ou glacial. La contrainte n'est pas nécessaire, car elles ne sont pas à proprement parler considérées comme des criminels mais plutôt jugées comme des groupes que l'administration redoute. Encore ces catégories sont-elles variables, selon le contexte. La surveillance administrative des colonies spéciales est souvent effectuée par un malheureux ramassé au hasard des rues et frisant la mutation disciplinaire.

Ensuite, l'ordonnancement des camps lui-même ne correspond pas aux logiques des nazis. Il existe des établissements spécialisés pour les enfants, les personnes âgées et les femmes, ainsi que des sites spécifiquement attribués aux prisonniers suivant la nature de leur crime ou délit : droit commun, traîtres, adversaires politiques. Les SS, en revanche, n'hésitent pas à placer en détention indifféremment tous les groupes en un même lieu, quitte à cloisonner les espaces.

Enfin, la gestion administrative est plus souple dans le Goulag que dans la SS. La direction ministérielle est, en effet, si éloignée qu'elle s'accommode des décisions locales, tant qu'elles ne font pas l'objet de plaintes. Or, dans les années 1931-34, les dysfonctionnements sont encore l'objet de mémoires adressés à l'administration centrale. Les détenus se plaignent du manque de nourriture et du comportement des directeurs de centre. Ils les accusent de détourner l'approvisionnement et d'être corrompus par les koulaks. Le changement de 1934 correspond donc à une reprise en main de la gestion du Goulag et à une réorganisation de la structure. À partir de ce moment et jusque dans les années 1950, le système se stabilise dans son fonctionnement, même si son caractère chaotique permanent lui donne des allures de monde en crise. Désormais, il existe des ensembles concentrationnaires qui sont des unités de gestion d'environ 80 000 prisonniers – avec des disparités considérables. L'ensemble de construction du canal Moscou-Volga comprend 192 649 personnes en janvier 1935. À la même date, le camp de Vaigach qui traite du fluor, du cuir et du zinc en compte seulement 1 209[2]. Au total, le NKVD détient alors 741 599 prisonniers dans ses camps de travail correctif.

À la tête d'un ensemble concentrationnaire se trouve un officier du NKVD, généralement au grade de colonel ou de lieutenant-colonel. Il dispose d'un état-major de fonctionnaires d'une cinquantaine de personnes, elles aussi membres du NKVD. Cette administration déléguée gère plusieurs petits camps. Dans le jargon administratif, ces équivalents des Kommandos des camps allemands sont appelés « Lagpounkt ». Les Lagpounkts sont les unités de base de l'administration du Goulag. Ils sont identifiés par un simple numéro et sont dirigés par un sous-officier du NKVD, plus ou moins gradé selon leur taille et leur importance économique. Ici, le personnel du NKVD est réduit en nombre. Il faut imaginer que ces installations sont mobiles. Elles suivent l'évolution des grands chantiers, l'exploitation d'une immense zone forestière, ou un gisement de matière première dont les réserves sont abandonnées quand les conditions d'exploitation deviennent complexes.

Les gardes appartiennent donc tous au NKVD. Ils sont armés et ont, en principe, subi un entraînement militaire et une courte formation à la surveillance des détenus[3]. Le règlement de l'administration suppose que les gardes maintiennent au quotidien l'ordre dans les camps. Mais à l'occasion ils sont utilisés pour des opérations de répression locales, car leur statut est proche de celui d'un policier. Ils sont aussi regroupés quand il faut réprimer une révolte dans un camp. Or, de tels cas se présentent pendant la guerre et peu après la fin du conflit, quand ont été internés des soldats récalcitrants, voire des traîtres de la légion Vlassov passés au service du IIIe Reich. La variété des intervenants liés au Goulag transparaît dans l'organigramme du département des gardes : il était divisé en six départements administratifs. Le département de service prenait en charge la gestion des détenus et leur circulation. Le département des opérations occupait des fonctions politiques et de renseignement dans et hors des camps. Le département du personnel suivait le placement des gardes. Le département des pompiers et celui du service aérien remplissaient des missions très spécifiques. Enfin le département du recrutement cherchait du personnel parmi les gardes des colonies et les jeunes officiers.

Les archives montrent que le recrutement est une véritable obsession car le NKVD est pris dans un paradoxe. D'un côté, cette puissante administration fait envie – les agents du NKVD jouissent d'un certain prestige attaché à leur fonction –, mais le Goulag a une image répulsive. Il signifie un mode de vie difficile avec des mutations fréquentes et surtout l'obligation de vivre loin des grandes villes. Être placé dans un Lagpounkt impose de rompre sa vie sociale et familiale. Les sous-officiers qui les commandent pourraient emmener leur épouse. Mais ils préfèrent les laisser à l'abri dans les villes et habitent seuls dans les cabanes de bois construites par les prisonniers qui ont ensuite fabriqué leurs propres abris. Les gardes, eux, sont logés dans des baraques suivant une logique de casernement. Ils y sont habitués, car l'habitat collectif est devenu la norme en Union soviétique.

Éloignés de tout, les Lagpounkts sont souvent situés dans des régions au climat pénible. La majeure partie se trouve en Sibérie, dont plusieurs à la limite du cercle arctique, où les températures chutent à – 60 ° l'hiver. Plus au sud, dans les zones désertiques, il faut supporter 45 ° l'été. Qui voudrait partir dans de telles conditions surveiller des « ennemis de l'État » ? Les hommes recrutés par le NKVD préfèrent les dangereuses missions de renseignement ou la participation à la police politique à l'arrière du front. Les carrières du Goulag ne semblent pas avoir été accélérées, car, au sein même du ministère de la Sécurité intérieure, il n'était pas considéré comme une affectation enviable.

Le service du recrutement des gardes est donc confronté à un sous-effectif endémique, et il cherche à combler les carences en personnel par toutes sortes d'expédients. La croissance très rapide des camps dans les années 1935-1940 l'oblige à reconnaître les pratiques de fait que les responsables locaux mettent en place. Les commandants d'ensembles concentrationnaires recrutent d'anciens prisonniers pour la surveillance ; ils ont aussi recours à d'anciens soldats, voire à des passants. Ils détournent les fonctionnaires d'autres administrations pour les besoins du service et moyennant des attributions de nourriture, de vêtements ou de chaussures neuves… Finalement intégrés au NKVD, ces gardes recrutent à leur tour des prisonniers pour maintenir l'ordre à moindre effort. Ils utilisent des mouches qui les informent sur les autres détenus et, contre des rations supplémentaires, entretiennent différents niveaux de surveillance des baraques. Car, en 1935 encore, des rumeurs entretenues par l'administration centrale courent sur les risques d'attaques par des « gardes blanches » en coordination avec des gangs organisés. Iagoda, qui dirige le NKVD de 1934 à 1936, avant d'être lui-même victime d'une purge, signe donc des ordres pour secouer son personnel et demander une meilleure attention au recrutement de masse[4]. Mais les agents continuent de mener leur existence de petits fonctionnaires violents, cherchant au maximum des intermédiaires pour l'exercice de la surveillance.

Leur comportement s'explique par la rudesse du climat. La seule véritable obligation des responsables est de tenir le compte de leur effectif et de ne pas avoir d'évasion. Comme leurs homologues SS, ils passent donc des heures à faire des appels et vérifier que tous les détenus à leur charge sont présents. Ils sont aussi très méticuleux dans la surveillance des colonnes qui se déplacent entre les logements et les lieux de travail, parfois distants de plusieurs kilomètres. Une fois les unités au travail, ils s'enferment au chaud par roulement et attendent que la journée passe. Pour le retour, ils retrouvent leur sérieux. À plusieurs reprises, en effet, dans les années 1930, ils se heurtent à des prisonniers qui refusent d'avancer ou tentent une évasion. Ils n'hésitent pas alors à tirer et à tuer. Les tirs arbitraires font toujours l'objet d'une enquête, mais les dossiers sont généralement clos sans condamnation. Ils le seront d'autant plus dans les années 1937-1938, quand les camps deviendront de véritables structures d'extermination pour une population affamée et laissée sans soins.

L'administration centrale surveille davantage d'autres abus qui lui paraissent menacer l'idéologie et l'ordre soviétiques. Le chef du camp de Karaganda, Egorov, est dénoncé dans un rapport de 1934 pour avoir multiplié les abus sexuels sur les femmes prisonnières sous prétexte d'interrogatoires. Tous ses subordonnés se sont mis à faire de même[5]. L'affaire est devenue publique quand un prisonnier a tué de cinq balles de revolver la principale maîtresse d'Egorov par jalousie. Le rapport poursuit par le camp de Siblag, dont le chef prend tous les biens des prisonniers et leur boisson et les affame. À Svirlag, le commandant Loshkarev boit et ensuite engage des relations sexuelles avec les prisonnières.

La prostitution devient courante dans les camps et se maintient tout au long de l'histoire du Goulag. Pourtant l'administration a tenté de réagir en créant des camps féminins distincts, et en mettant en place des unités de surveillantes. Les prisonnières représentent un peu moins de 20 % de la population de détenus (environ 400 000 pour 2,2 millions de prisonniers vers 1940[6]). Mais la proximité entre les installations pour femmes et celles pour hommes est telle que les trafics charnels reprennent. Les carences alimentaires sont si grandes que la monnaie principale d'échange est la nourriture. Les gardes profitent de ce système, où ils jouissent de suppléments de repas et de boissons. L'administration ne leur lésine pas la vodka et plusieurs camps ont même leurs propres installations de fabrication d'alcool.

La nomination de Beria en 1938 à la tête du NKVD donne les plus larges possibilités de répression aux cadres et aux agents du NKVD, après (bien sûr) qu'une purge a éliminé les dirigeants jugés non conformes. Désormais, le Goulag entre dans sa phase de grande extension. Beria réforme l'institution pour la rendre plus productive et réorganise les bureaux centraux pour gagner en efficacité dans le travail et la production. Outre les administrations de service sont créés des départements de fournitures, de santé, un département vétérinaire et des administrations de production.

Que faire pour gérer le temps ?

Il reste toutefois difficile de parler d'une véritable politique de ressources humaines, tant les moyens font défaut. À partir des années 1940, cependant, des normes sont mises en place. On évalue le nombre de gardes à un pour 13 ou 15 prisonniers, soit, pour une population qui oscille entre 2 et 3 millions, environ 150 000 à 180 000 hommes. Les ensembles concentrationnaires étant devenus des unités de production performantes, le mode de vie s'y est un peu amélioré, au point que les commandants sont clairement insérés dans la nomenklatura du régime. Ils jouissent d'une existence relativement luxueuse avec leurs femmes et donnent des réceptions où se retrouvent les élites locales. Mais dans les Lagpounkts la situation reste tendue et l'existence des surveillants ne paraît luxueuse qu'au regard de celle des détenus...

Comme pour masquer le manque de moyens, l'administration centrale encourage la formation politique des gardiens et des prisonniers. Le département de culture et d'éducation est censé préparer des activités pour transformer l'esprit des détenus. Les camps sont donc des lieux de correction par le travail et par le discours. Le département de culture et d'éducation organise dans les établissements des séances de divertissement de nature propagandiste. L'objectif reste de motiver les hommes pour accroître la production. Des prisonniers sont invités à participer au spectacle. Les nombreux acteurs et figures de la scènes enfermés dans les camps ont ainsi une occasion de retrouver leur ancien travail. Les gardes assistent à ces séances. Est-ce vraiment un loisir ?

Quoi qu'il en soit, le département politique du NKVD devant pourvoir à leur formation idéologique permanente, les surveillants sont conviés à des réunions hebdomadaires ou mensuelles d'éducation à la culture soviétique. Dans les camps, les gardes sont tenus d'organiser des cercles d'autoéducation et de rendre compte de leurs progrès. Ils rédigent des rapports qui détaillent la motivation des participants, sans doute bien éloignée de la réalité, pour se conformer aux fantasmes de la direction. La propagande reprend le catéchisme communiste : la référence obligée aux grands Lénine et Staline, les doctrines des penseurs principaux de la révolution, Marx et Engels. Le contenu des séances ne doit pas être trop poussé, car nombre de gardes n'ont pas eu de formation intellectuelle. D'autant plus que, après 1941, la guerre entraînant la mobilisation d'une forte proportion d'entre eux dans les troupes combattantes, ils sont remplacés à la hâte. Les gardiens de base des camps ne sont pas vraiment des membres de l'élite politique, puisque moins de 20 % d'entre eux ont été candidats à l'entrée dans le parti. Parmi les gradés, en revanche, le taux s'inverse. 80 % de l'administration du Goulag est adhérente au PCUS[7].

Les loisirs et les distractions des gardes sont rares. L'administration centrale leur fournit peu de moyens de se changer les idées. Elle envoie des jeux de cartes pour le tout-venant. Elle équipe aussi la plupart des établissements de postes de radio. La radio reste le média essentiel pour les information mais elle est aussi un moyen de se divertir. La voie des ondes rend compte des parades, elle transmet des programmes musicaux, notamment de musique classique, mais aussi des émissions à portée sociale. Pendant les années de guerre, elle est particulièrement attentive aux relations entre les civils et les militaires[8]. De nombreuses émissions évoquent les familles séparées ou diffusent des lectures de lettres entre parents à l'antenne. De tels programmes sont l'occasion de discussions lors des écoutes collectives. Car les récepteurs sont généralement installés dans les casernements, ou les foyers des gardes, quand les établissements en disposent.

Des séances de cinéma sont aussi organisées à destination des détenus et des gardes, en particulier dans les ensembles concentrationnaires. Les spectateurs y suivent les actualités filmées et voient des films qui correspondent à la ligne du parti. Dans les années 1930 et 1940, le réalisme socialiste impose son sceau. Les œuvres ont donc une esthétique très marquée par l'idéologie. Mais elles ont aussi une dimension vraiment distractive. *Le Cirque*, par exemple, film de Gregory Alexandrov qui, tourné en 1936[9], a été vu par plusieurs millions de spectateurs, défend notamment les objectifs du plan et la ligne politique. Cette comédie musicale possède des accents mélodramatiques dont l'objectif est bien d'émouvoir le public. Pour les gardes qui obtiennent parfois des permissions pour se rendre en ville et assister aux mêmes séances que les civils, il s'agit aussi de s'évader d'une condition quotidienne difficile.

Les orchestres de détenus peuvent les y aider. Ils ont été organisés à l'échelon local et correspondent en partie à des actions de propagande. Leur répertoire est mal connu. Il devait être assez différent suivant que des musiciens professionnels internés acceptaient ou non de jouer. L'exemple du trompettiste Eddie Rosner montre les folies de l'époque. Rosner était né à Berlin en 1910[10]. Après la prise de pouvoir d'Adolf Hitler, ce jazzman est contraint au départ. Il se réfugie en Pologne où il poursuit sa carrière avec sa femme, puis, après l'invasion allemande, en Biélorussie où il devient le protégé de Staline et donne des concerts en son hommage. Le voici désormais à Moscou, vivant à deux pas du Kremlin. Son étoile ternit après 1945. Progressivement, il fait l'objet de dénonciations, car à la faveur de la guerre froide le jazz est considéré comme un indice de décadence des régimes capitalistes. Il est bientôt déporté en Sibérie, mais la chance lui vaut d'arriver dans un camp où il peut reformer un orchestre et jouer pour le directeur du camp, grand amateur de son œuvre. Il effectue même une tournée dans l'espace concentrationnaire. Finalement il sera libéré en 1953, après la mort de Staline.

Encore une exception SS

Au total, rien dans les rapports n'indique une stratégie comparable à celle des nazis, et plus particulièrement de la SS, qui était de faire des loisirs une marque distinctive pour les gardes. La disproportion des moyens explique en partie cette différence, mais plus fondamentalement, le régime soviétique est fondé sur une autre philosophie que celle des nazis. Pour le stalinisme, la motivation est idéologique. Elle ne doit pas être directement matérielle, malgré des accommodements de fait qui en corrompent le principe. Dans l'hitlérisme, en revanche, la gratification, la prise physique, est la récompense du vainqueur. Le pillage est partie intégrante de l'idéal.

Cette conception divergente explique que le NKVD n'a pas vraiment défini un temps de travail pour ses hommes : ils suivent un rythme proche de celui des prisonniers qu'ils accompagnent et restent entre onze et treize heures en surveillance. Seul l'arbitraire autorise certains à échapper à leur charge. Sur ce plan, SS et agents du NKVD se retrouvent. Ils sont tentés par la corruption et cherchent les moyens d'améliorer leur quotidien. Les conduites individuelles, même passées au stade de comportement collectif, ne fondent cependant pas une politique objective. Les situations similaires produisent les ressemblances entre les deux systèmes. Et dans tous les camps, des Boers aux Khmers, les gardes ont dû trouver des complices parmi les détenus pour dominer la masse.

Mais des différences radicales sur la position des gardiens au sein des régimes politiques s'imposent. Ainsi, le chaos régnait dans l'univers soviétique alors que le nazisme jouissait d'une planification telle que sa gestion du personnel était plus efficace. Ensuite, le système nazi a disposé de moyens beaucoup plus importants. Il pouvait ainsi anticiper les besoins des hommes et des femmes. Enfin, la question du don de soi à l'institution et de la protection accordée par la SS permettait le développement d'une véritable réflexion sur les ressources humaines. La race impliquait de soigner les éléments les plus purs du cheptel. Le monde soviétique, lui, possédait des logiques clientélistes et mafieuses comme les nazis, mais le statut d'une personne reposait sur son activité, la qualité de ses performances, son dévouement. Le garde SS était supérieur par essence. Celui du NKVD par fonction.

Dans la longue durée, les surveillants SS et ceux du Goulag n'ont pas vécu les mêmes épreuves. Jusqu'en 1945, leur traitement diffère par l'organisation et la philosophie du travail et des loisirs. Après 1945, l'écart s'accroît. La SS, condamnée en bloc comme institution criminelle, a été supprimée et ses membres ont parfois été poursuivis lors de la dénazification. Cela n'a pas été le cas pour le Goulag ou pour le NKVD. Aucune poursuite systématique n'a été engagée, quand la transition vers la fin du communisme s'est ouverte. L'historienne Ann Applebaum a décrit dans son histoire du Goulag ses rencontres avec les anciens tortionnaires soviétiques après la chute du mur de Berlin[11]. Ils vivent encore dans les appartements spacieux que l'administration communiste et le parti reconnaissant ont mis à leur disposition. Certains conservent la nostalgie d'une époque d'ordre. Ils étaient la puissance publique dans sa majesté et sa discrétion : la majesté d'un luxe de moyens mis au service de la sécurité de l'État, et la discrétion car leur action était en grande partie occulte, inconnue du public – et pourtant la terreur régnait. Le gardien du Goulag était ainsi entouré d'un halo de peur et le silence enveloppait son activité. Il vivait dans un monde à part et gardait souvent l'anonymat sur la réalité de son travail. Cet anonymat, les SS revenus à la vie civile l'ont vécu. Ils se sont fréquentés comme d'anciens conjurés, chacun connaissant le secret de l'autre et tous évitant de se trahir aux yeux du monde démocratique qui avait triomphé.

Les victimes de la Shoah ont éprouvé le besoin de rencontrer les survivants des génocides qui sont survenus depuis. Ils ont dialogué avec les Tutsis du Rwanda. Il ne semble pas qu'il y ait eu une solidarité similaire entre bourreaux. Pourtant le même mécanisme de liquidation de masse, les mêmes structures exterminatrices dans des pseudo-camps de rééducation, sont réapparus dans l'histoire. Chez les Khmers notamment, les gardes et leurs officiers se retrouvaient comme des puissances arbitraires disposant de la vie de femmes et d'hommes enfermés à leur discrétion. Les responsables des complexes pénitentiaires comprenant plusieurs camps désignés par des numéros, des officiers khmers nommaient un président issu des prisonniers pour maintenir l'ordre parmi ceux-ci. Ces échelons supérieurs n'hésitaient pas à loger leurs épouses sur les lieux et à nommer des membres de leur famille en fonction. Pourtant, comme en Union soviétique, la question des loisirs et de la gestion administrative des ressources humaines ne se posait pas. Le dénuement et la philosophie excluaient toute forme réelle de gouvernance des gardes. En somme, la singularité concentrationnaire nazie paraît exceptionnelle au regard du siècle des camps et de leurs surveillants. Ces bourreaux sans réelles contreparties matérielles laissent entière la question des motivations psychologiques et du passage à l'acte.

Dans le cas nazi, en revanche, les techniques de gestion imaginées par le système central ont limité les problèmes de décompensation et les comportements déviants au sein du personnel. Elles ont entravé la honte et même favorisé un sentiment de fierté au sein du corps[12]. Elles ont permis une efficacité criminelle sans que les liquidateurs aient véritablement à interroger la légitimité de leurs actes. Leur bien-être était assuré par un système qui voyait en eux le sommet d'une hiérarchie raciale et les gardiens de l'ordre social. Surveillantes et surveillants justifiaient par leur situation exemplaire et secrète à la fois la transformation radicale de l'Allemagne voulue par les théoriciens et les décideurs nazis, au premier rang desquels Hitler et Himmler.

Conclusion

Naguère, les historiens étaient prompts à tirer des leçons du passé. Ils sillonnaient les fonds d'archives et en arrachaient des pépites, précieux trésor pour répondre aux questions durables des sociétés politiques. Parfois, pour les besoins d'une démonstration idéologique, ils tordaient les interprétations, quitte à recomposer artificiellement des chaînes d'événements érudites mais peu cohérentes[1]. Aujourd'hui, nous dit-on, les idéologies auraient disparu, hormis la montée en puissance de l'écologie et de l'islamisme, curieusement chargé de tous les maux[2]. Comme si nos passions consuméristes et nos obsessions individualistes ne relevaient pas d'une idéologie d'autant mieux ancrée qu'elle a pour elle la force de l'évidence. Cette même évidence qui poussait des employés de l'administration SS à se faire les archivistes tatillons des moindres actes des troupes affectées à la surveillance des camps, au point d'avoir gardé la trace de toutes les commandes de biens et de services à l'origine de ce livre. Leur passion pour les factures ne relevait pas de leur croyance dans le nazisme ou dans la supériorité de la race aryenne, mais bien de l'idéologie bureaucratique qui sévissait en Allemagne depuis l'époque napoléonienne, depuis que les Français y avaient exporté leur méthode rationnelle-légale de gestion de l'État. En ce sens, le nazisme est bien un enfant lointain de la Grande Révolution[3]. Aujourd'hui, donc, selon la vulgate de quelques défaitistes disciplinaires, les historiens se cantonneraient dans le nombrilisme de leur activité et le pointillisme de leur secteur de recherche, incapables de voir le passé autrement que sous le feu d'un présent sans avenir.

Le lecteur se doute qu'un historien du nazisme, et plus largement un historien du temps présent, se reconnaît mal dans un tel discours. Il regarde même cette posture avec une forme d'agacement. N'a-t-il pas vu naître un terrain de recherche avec des sources, des méthodes, des créations d'institutions et de chaires académiques depuis une vingtaine d'années à l'effet social déterminant ? Cette étude du génocide, cette « shoalogie », pour reprendre la saisissante expression de Jacques Ehrenfreund, n'est pas issue de la mémoire mais bien de l'évolution des débats sur la question de l'innocence comme fondement de l'action politique[4]. Les spécialistes du nazisme ont aussi participé à la réflexion sur la violence de guerre qui a renouvelé le débat intellectuel depuis les années 1980, par-delà la chute du communisme[5]. Ils ont contribué à la réflexion sur l'ensauvagement et la brutalisation quand la purification ethnique en ex-Yougoslavie et le génocide des Tutsis au Rwanda ont fait saillir l'incroyable actualité des crimes de masse.

L'étude des bourreaux et des mécanismes de liquidation est devenue la pointe d'une réflexion sur l'histoire au sens fort : celle d'hier avec ses charniers, dont certains sont encore méconnus, celle d'aujourd'hui avec les enquêtes et les procès devant les tribunaux pénaux internationaux, et celle de demain avec l'incapacité des sociétés à faire la paix. Ceux qui doivent penser le nazisme avancent toujours ainsi sur une ligne de crête où se distinguent à peine la morale et l'analyse, mais où le passé, le présent et l'avenir sont indissociables. Ils rencontrent un public toujours curieux de comprendre le passé et de l'interroger comme on sonde une plaie.

C'est bien d'histoire qu'il s'agit, une histoire qui continue de délivrer des connaissances et des enseignements. À chaque étape de sa réflexion, le spécialiste du IIIe Reich éprouve le besoin de se replacer dans des trajectoires parfois millénaires pour comprendre, apprendre, et simplement dire. Il doit questionner sans arrêt la périodicité et le concept d'époque. Trajectoire millénaire que cette lecture du gardien comme berger qui prétend donner à l'être son expression la plus pure, celle d'une espèce humaine forgée entre « discours et flammes », capable de tailler en son sein les races différentes et dont Heidegger fut le chantre. Mauvais berger en vérité que celui qui extermine son troupeau en prétendant l'améliorer. On comprend mieux pourquoi un philosophe comme Peter Sloterdijk a pu être effrayé du fait que dans nos sociétés on rêve de travailler le capital génétique pour améliorer le « parc humain », autant dire le cheptel. Car l'illusion n'a pas disparu. Elle résonne dans les esprits malades des fauteurs de guerre qui voient dans les ennemis qu'ils fabriquent une matière impure à détruire afin de purifier leur propre essence. Comment ne pas noter l'étrange concordance entre le camp de Buchenwald et le zoo que son directeur Karl Otto Koch accepta d'y édifier pour distraire ses hommes, leurs femmes et leurs enfants ? Les animaux étaient mieux traités que les prisonniers et tous étaient gardés derrière les grilles devant lesquelles défilaient également les SS et leurs familles, en promenade dans l'enceinte. Ce ne sont pas de grands concepts qui opèrent ici, mais de petites représentations de la différence qui alimentent le narcissisme des dominants. Le berger sait bien qu'il est vivant comme le mouton, mais en dévorant l'agneau, en broyant sa chair sous la dent, il croit s'en distinguer et créer un rapport au monde qui subordonne la nature à sa culture. Sommes-nous si loin de ces questions ? Le regard sur le nazisme n'exerce-t-il pas un effet de distance, de radicalisation et de saisissement qui éclaire notre présent et au-delà maintient une ombre sur notre avenir ?

Les camps et les gardes nous renvoient à l'histoire de la prison et des manières dont les sociétés fabriquent un sens social par le choix de ceux qu'elles placent en détention. La qualification raciale et marginale (une marginalité engendrée par la délinquance de droit commun ou la déviance de mœurs) des détenus ne doit cependant pas effacer ce que les victimes nous ont appris. Au fil du temps, les surveillants ont cherché des relais toujours plus forts parmi la population qui leur était soumise. Les Kapos d'abord furent sélectionnés parmi les prisonniers pour assurer des fonctions de commandement et de répression sur leurs pareils. Puis les *Prominenten*, ces déportés qui jouissaient d'un pouvoir particulier et d'une relation de confiance avec leurs geôliers, ont constitué un autre groupe qui diffusait des informations et exerçait une autorité sur les femmes et les hommes arrivés depuis moins longtemps. Être dans un camp de concentration n'avait pas le même impact sur tout le monde. De façon similaire, les gardes présentaient des degrés d'implication par rapport à l'univers concentrationnaire qui ne dépendaient pas uniquement de leur grade mais de leur jouissance dans l'exercice d'un pouvoir direct et dans leur sentiment relatif d'utilité.

Les gardiens, vus par leur hiérarchie, incarnent le comportement hyperactif par excellence.

Ils travaillent de nombreuses heures et doivent se distraire ensuite grâce à des occupations culturelles ou ludiques. Ainsi, la totalité de leur temps est vouée à l'ordre SS, puisque les loisirs ont été pensés pour favoriser une bonne intégration. En ce sens, leur pire ennemi est l'ennui, le désœuvrement. Comme s'il risquait de les mettre dans la situation des populations qu'ils gardent et qu'ils regardent, en dépit de leur mise en esclavage, comme des parasites. Ils retrouvent ainsi les a priori que la société nazie véhicule. Ils confirment leur position de garants d'un ordre qui ne peut tenir que par leur magistère.

Plus brève est encore la temporalité qui définit l'ère des loisirs. Ceux qui étaient réservés aux gardes. On se souvient que le déploiement des loisirs date véritablement du milieu du XIXe siècle[6]. Au sein de la société de bien-être, marquée par l'émergence d'un État protecteur et secouriste, les loisirs ont une double fonction : favoriser l'intégration des masses dans la civilisation politique et créer une illusion d'accomplissement personnel pour ceux qui les pratiquent. Dans l'optique nazie, il n'en va pas autrement. Pour le personnel administratif et répressif des camps, le sport, la musique, les jeux de cartes et même les visites au bordel participaient de rites de socialisation qui situaient chacun à sa juste place dans l'univers concentrationnaire. Plus une personne est élevée dans la hiérarchie, plus elle jouit de possibilités d'accès à des loisirs nombreux et variés. Dès lors, rien d'étonnant à ce que les administrateurs de la Waffen SS aient voulu faire bénéficier leurs troupes, l'élite de la nation, de tous les moyens de distraction dont disposaient les armées, et qu'ils aient tenu un état très précis de leurs demandes : commandes, factures, rapports d'usage, récépissés. Les archives qui en sont issues et que ce livre a exploitées étaient une matière sèche mais riche de calories intellectuelles. Elles dévoilaient tout simplement une manière de gérer les hommes.

Le « matériau humain », comme disait Himmler, nécessite une attention constante. Sa résistance ou sa fragilité étaient un souci pour les responsables de la SS, qui savaient que la violence pouvait produire des effets pénibles sur les gardes, si tout n'était pas mis en place pour faciliter leur tâche. Surveillantes et gardiens ont assisté au fil des années à l'application de procédures qui professionnalisaient leurs tâches et qui devaient exclure la cruauté. La comparaison avec les Einsatzgruppen montre que l'appareil intellectuel fut similaire dans les camps de concentration. Christian Ingrao insiste sur le discours de légitimation et la sélection de gestes permettant d'euphémiser les effets psychiques[7]. Ces deux caractéristiques se retrouvent dans les camps, en matière de rapport à la violence. Eicke, en instaurant le règlement pour Dachau, a amorcé une pratique des gestes avec une stratégie délibérée de canalisation de la violence et de maîtrise des comportements cruels des gardiens. Aussi paradoxal que cela puisse paraître, son répertoire de punitions était un moyen d'exorciser les débordements. Il installa la violence au cœur du système, mais dans le cadre d'une organisation stricte des actes, légitimés par l'exercice de l'autorité et le maintien de l'ordre. Ses successeurs et la direction des camps ont ainsi fabriqué un droit parallèle au courant duquel était toute la population des gardes et dont l'objectif était de rendre possible une forte augmentation de la mortalité. Le meilleur signe en est donné quand les médecins des garnisons se félicitent des taux de décès constatés dans leur unité : ils savent que le camp remplit bien sa fonction qui est l'élimination des ennemis du Reich et des parasites sociaux, c'est-à-dire de toute personne n'étant pas directement utile à la production. La professionnalisation des gardes résidait dans leur capacité à infliger la brutalité sans haine. La colère pouvait se déclencher, mais seulement comme une posture professionnelle, pour mettre en mouvement une volée de coups ou lâcher un chien sur un prisonnier. Elle ne devait cependant pas tout envahir et, sur ordre, le subordonné devait retrouver son calme. Elissa Mailänder Koslov, dans son étude des surveillantes de Majdanek, a pointé ce poids du regard collectif des collègues qui a joué comme accélérateur d'usage de la cruauté, mais imposait en d'autres temps une retenue[8].

Les débordements pouvaient dès lors surgir dans la vie privée et l'intimité. D'où la volonté de la direction SS de contrôler cet espace aussi. La politique de mariage, de logement, les incitations à la camaraderie faisaient l'objet d'injonctions à tous les niveaux, du Reichsführer SS Heinrich Himmler avec ses ordres de mariage au commandant en chef d'Auschwitz qui encourageait les hommes à aller soutenir les équipes du camp dans les compétitions sportives…

Le modèle de gestion des ressources humaines créé par la SS n'est pas resté lettre morte. Les intellectuels qui l'ont élaboré l'ont pour certains transmis dans la république fédérale, via les écoles de management. Reinhardt Höhn est un bon exemple de ces points de passage entre le monde nazi et la pensée gestionnaire de l'après-guerre. Ce juriste, entré au NSDAP et dans la SS en 1933, devient chef de bureau du RSHA et produit en 1945 une œuvre axée sur la direction d'entreprises, reposant sur un principe de hiérarchisation des tâches et de partage des objectifs. Son modèle est souvent désigné sous le nom de l'académie de manageurs où elle était enseignée, Harzburger Modell (modèle de l'Académie du personnel de direction économique de Bad Harzburg)[9].

L'étude des loisirs approfondit la connaissance des méthodes d'encadrement. Elle montre que les gestes de violence ont des correspondances dans le temps de repos. Il s'agissait d'éviter que les hommes ne sombrent dans l'alcoolisme ou des vices qui risquaient de nuire au service. La musique ou le sport ont été des écoles de gestes maîtrisés, tout comme les jeux de cartes ou ceux nécessitant de la minutie, tels les puzzles, qui replaçaient les équipes dans une situation apaisée. Dans ce sens, les distractions constituaient des sas vers une existence plus simple et calme, voire monotone, au sortir du travail parfois très agité et violent dans l'enceinte et sur le pourtour des camps. L'âge des recrues, souvent très jeunes, explique d'autant plus l'attention portée à une gestuelle de contrôle. Les Waffen SS n'avaient en effet pas souvent connu une scolarité longue. Ils achevaient leur formation sur le tas et devaient savoir rester calmes. Les jeux ont donc rempli des fonctions de développement personnel et d'activité de groupe. Si les commandants des centres d'internement ont favorisé la pratique des sports collectifs, c'est pour cette raison : ils y voyaient une école de cohésion et de compétition : une représentation en réduction des qualités de la race aryenne. Car le discours idéologique était omniprésent.

D'une certaine manière, les camps tout entiers étaient des médias, des instruments de communication idéologique, des supports pour le discours nazi. Par leur organisation d'abord, ils décrivaient les logiques du sang, de la terre et de la nation. Surtout, l'omniprésence de radios, de tourne-disques, de projections de films, le tout couplé avec des systèmes de haut-parleurs, plaçait la propagande au cœur du dispositif.

Malgré leur zèle relatif, les hommes intériorisaient les objectifs du régime et ses idéaux. Les livres auront sans doute joué un rôle plus profond que ne le laissent supposer les Mémoires des commandants de camp. Ils manifestent la même cohabitation entre une perspective idéologique stricte et des publications relevant de la détente et de la distraction, qui répondaient aux principes de réassurance que le régime ne dédaignait pas pour motiver la population et son élite SS. Le nazisme accomplissait ainsi son fantasme de diffusion d'une nouvelle manière de penser, avec ses références majeures et sa culture de masse modérément fanatique et pleine de bons sentiments, d'humour et d'ambitions ordinaires.

Tout cela montre que les Waffen SS, au centre du système génocidaire et du IIIe Reich, ne sont pas tous des fanatiques constants, promoteurs infatigables de l'idée national-socialiste. Ils manifestent leur désir de parenthèses apolitiques dans leur existence et dans le même temps soutiennent la politique la plus radicale de leur hiérarchie. Clairement, les navettes entre camps et administration centrale témoignent d'une élaboration conjointe des formes du travail et des limites des loisirs. Ici, le genre introduit une autre nuance. Les gardiennes semblent avoir connu une dimension récréative moins fortement affirmée. Les commandes spécifiques les concernant sont quasi inexistantes. La chose étonne, car malgré son désir d'affirmer les différences entre homme et femme et son rêve d'une spécification sexuelle des activités, le nazisme devait les considérer comme des combattantes et prendre en compte leurs loisirs. D'ailleurs, en revenant sur l'album Höcker, les visages des jeunes auxiliaires SS venues en visite à la Sola Hutte d'Auschwitz retiennent l'attention. Elles manifestent la même joie que celle de leurs homologues masculins. Elles prennent plaisir au programme qu'ils ont prévu pour elles. Elles reproduisent, le temps d'une excursion en montagne et d'une promenade, le schéma qui a cours toute l'année : suivre les règles, les modes de détente et les gestes que les administrateurs masculins ont anticipés.

En un sens, même le tourisme des personnels des camps était pensé à l'échelon supérieur. Le guide Baedeker pour la Pologne conquise, rebaptisée Gouvernement général, a été préparé à l'instigation de Hans Franck, le gouverneur allemand, qui avait rang de ministre[10] et voulait accueillir les nouveaux venus à l'Est et leur présenter les plaisirs et les curiosités du nouveau territoire passé sous domination allemande. Et Karl Baedeker, lui-même, le célèbre éditeur, se félicitait de cette initiative, car les villes avaient changé et s'étaient embellies et la nature était riche de surprises. Paru en 1943, l'ouvrage signalait les villes d'eaux, les lieux de baignade, les stations de sports d'hiver, les restaurants et les hôtels, grands ou petits, où passer la nuit. Les camps d'extermination, installés près de petits villages, n'y figuraient pas, tel Treblinka dont l'existence, rappelons-le, devait rester secrète aux yeux du monde. On y lisait une très courte notice sur la petite ville germanisée d'Auschwitz et une plus courte encore sur Belzec. En revanche, les grandes villes où les surveillants et surveillantes pouvaient se rendre en car, en voiture, et même en train, étaient signalées avec de longs textes attrayants : Katowice, Cracovie… Les permissions de fin de semaine fournissaient l'occasion d'y retrouver des distractions similaires à celles en vigueur en Allemagne.

Finalement, l'histoire des détails de vie quotidienne est une invitation à penser l'infrapolitique, ce niveau de conscience collective nécessaire à l'expression d'une vie publique. À cette échelle aussi, les régimes totalitaires sont intervenus pour forger les bases d'un consensus populaire. Car c'est bien de consensus qu'il s'agit, une façon d'harmoniser la vie commune en limitant les frictions entre égaux et de gérer le temps afin d'éviter qu'ils ne pensent trop. Le rapport à l'action et à l'inaction fonde une opposition entre systèmes politiques. Vouloir occuper le temps jusqu'à considérer le sommeil comme la seule évasion, et encore très courte, est le propre du totalitarisme. À l'inverse, une démocratie vivante accepte le chômage et le sommeil ; elle respecte ses prisonniers et leur accorde la possibilité de travailler ou non, de s'informer ou non… D'exister. En somme, la démocratie est le régime où l'ennui et l'oisiveté ne font pas courir de risque au pouvoir. Comment ne pas être halluciné, dès lors, de voir la grande démocratie américaine renouer avec l'histoire des camps en ouvrant en 2002 à Guantánamo un centre de détention géré par des gardes militaires, à peine formés pour la contention, sans connaissance des conventions de Genève[11]. De nouveau, une administration recréait les conditions de la violence et des tortures qui affirment la domination. Les surveillants en vinrent rapidement à adopter des comportements déviants qui provoquèrent parmi eux des traumatismes psychologiques. Pour l'heure, rien ne filtre de leurs loisirs, de ce qu'ils font des journées libres, parfois données en gratification pour leur bonne conduite. À quelques kilomètres de la prison se trouve le magasin de la base américaine (le BX), où les joies de la vie civile sont offertes pour quelques dollars : le McDo, le bowling, la salle de gym… Et les plages. Parfois, tout cela leur paraît loin. Ils prennent leur mal en patience et la démocratie se languit.

Pour en revenir aux surveillantes et aux gardiens des camps nazis, leur travail, leur vie privée et leurs loisirs ont constitué un tout, une existence sordide qui se croyait sublime et redoutait l'ennui. L'ultime conclusion qui s'impose tient en une phrase. Dans les camps de concentration et d'extermination, les bourreaux n'ont pas seulement massacré des femmes et des enfants : ils ont aussi tué le temps.

Notes

Introduction

1. Peter Longerich *Himmler,* Paris, Héloïse d'Ormesson, 2010, p. 151 *sq*.

2. Michel Foucault, *Surveiller et punir,* Paris, Gallimard, 1998.

3. Sur la théorie de la créativité, voir Dennis Galvan, *The State Must be our Master of Fire*, Berkeley, California University Press, 2004.

4. Plus qu'au travail de Hannah Arendt, *Les Origines du totalitarisme,* Paris, Gallimard, 2002, c'est ici à Franz Neumann, *Behemoth,* New York, Harper, 1944, que nous pensons.

5. Voir notamment les affirmations de Höss sur ce sujet : Rudolf Höss, *Le commandant d'Auschwitz parle,* Paris, La Découverte, 2005. Plus largement sur les commandants de camp, voir le livre de Tom Segev, *Soldiers of Evil. The Commandants of the Nazi Concentration Camps,* New York, McGraw-Hill, 1988.

6. Par exemple Karl Popper, *La Société ouverte et ses ennemis*, Paris, Seuil, 1979 [1945], 2 vol. Il faut souligner le fait que cette œuvre, parue en 1945, faisait une référence directe au nazisme et posait les philosophes comme

des personnages imbus de leur supériorité dans la Grèce antique.

7. Le père de Himmler, Gebhard, a fait l'objet d'un roman biographique d'Alfred Andersch, *Der Vater eines Mörders,* Zurich, Diogenes, 1980.

8. Dans l'historiographie dite des bourreaux, on place généralement les travaux de Christopher Browning, Daniel J. Goldhagen, Christian Ingrao, Götz Aly, Frank Bajohr. Dans un autre ordre d'idées, je rapprocherai Ulrich Herbert pour son livre sur Werner Best.

9. Christian Ingrao, *Les Chasseurs noirs,* Paris, Perrin, 2007.

10. Ivan Pavlov, *Conditioned Reflexes,* London, Routledge & Kegan, 1927. Bernays Edward, *Propaganda. Comment manipuler l'opinion en démocratie,* 1928, Paris, La Découverte, 2007.

11. Voir le très éclairant dossier d'archives centrales du parti BAB, NS 18/868.

12. Peter Longerich, *Himmler*, *op. cit.,* p. 98 *sq*.

13. Stanley Milgram, *Soumission à l'autorité,* Paris, Calmann-Lévy, 1994.

14. Voir Léon Golsensohn, *Les Entretiens de Nuremberg,* Paris, Flammarion, 2009.

I
Qui sont les gardiens ?

1. « Einführung », *in* Simone Erpel (dir.), *Im Gefolde der SS : Aufseherinnen des Frauen-KZ Ravensbrück,* Berlin, Metropol, 2007, p. 23.

2. Elisabeth Thalhofer, *Entgrenzung der Gewalt*, Paderborn, Schöninger, 2010.

3. Voir sur ces installations Annette Becker, *Les Oubliés de la Grande Guerre*, Paris, Noesis, 1998 et *Les Cicatrices rouges*, Paris, Fayard, 2011. Pour des images de Holzminden en 1917, voir http://www.histoire-image.org/site/

etude_comp/etude_comp_detail.php? i=281, qui reprend des documents de la collection Beausire conservée aux archives du Nord.

4. Philippe Burrin, *Ressentiments et apocalypse,* Paris, Le Seuil, 2004.

5. Pour des notices sur les différents camps, voir Wolfgang Benz & Barbara Distel (dir.), *Der Ort des Terrors. Geschichte der nationalsozialistischen Konzentrationslager,* München, Beck, 2009, 9 vol.

6. Carina Baganz, « Das Konzentrationslager Hohnstein », *in* Morsch Günther, *Von der Sachsenburg nach Sachsenhausen*, Berlin, Metropol, 2007, p. 58.

7. Au lendemain de la guerre, en 1949, trois procès supplémentaires à l'encontre d'une centaine d'anciens gardes interviennent, en RDA. Ils se soldent par des condamnations qui vont de un an de prison à la perpétuité.

8. Karin Orth, *Das System der nazionalsozialistischen Konzentrationslager*, Hambourg, Hamburger Edition, 1999, p. 27 *sq*.

9. Curieusement, dès le début, les camps de concentration, malgré leur caractère extrajudiciaire, ont tenu à jour les fiches d'entrée et de sortie des prisonniers, et les inventaires de leurs biens à l'arrivée. Ces fiches mentionnaient le métier, la situation de famille, les motifs d'incarcération, l'orientation, la date de décès et parfois sa cause. Pour l'historien, ces fiches sont à la fois riches et désolantes. Les noms sont orthographiés approximativement, les informations sont tantôt inexactes, tantôt parcellaires, et lors des transferts les homonymies rendent difficile le suivi d'une personne. Pourtant, il faudra un jour se lancer dans la gigantesque aventure collective de leur étude, d'autant que les chercheurs peuvent aujourd'hui en consulter la version numérique établie par l'International Tracing Service, l'institution dépendant de la Croix-Rouge mise en place pour reconstituer les droits des vic-

times du nazisme. Un des fichiers est consultable au musée de l'Holocauste de Washington (USHMM). Les Français doivent se tourner pour leur part vers la mission française auprès de l'ITS, à Arolsen, en Allemagne.

10. Karin Orth, *Das system der nazionalsojialistischen...*, *op. cit.*, p. 29.

11. Carl Schrade, *Le Vétéran*, Paris, Fayard, 2011, p. 255.

12. Jeremy Bentham, philosophe anglais dont Michel Foucault a fait le penseur par excellence des lieux d'enfermement dans la conception politique libérale.

13. Karin Orth, *Das system...*, *op. cit.*, p. 36.

II
Le modèle SS de gardien et ses avatars

1. C'est la thèse de Gudrun Schwarz, « Verdrängte Täterinnen. Frauen im Apparat der SS (1939-1945) », *in* Theresa Wobbe, *Nach Osten. Verdreckte Spuren nationalsozialistischer Verbrechen,* Francfort-sur-le-Main, 1992, p. 197-227.

2. Simone Erpel (dir.), *Im Gefolge der SS : Aufseherinnen des Frauen-KZ Ravensbrück*, Berlin, Metropol, 2007, p. 23.

3. *Ibid.,* p. 21.

4. « Ich gelobe : Ich werde dem Führer des deutschen Reiches und Volkes Adolf Hitler treu und gehorsam sein und meine Dienstobliegenheiten gewissenschaft und uneingennützig erfüllen. » Cité par Elissa Mailänder Koslov, *Gewalt im Dienstalltag,* Hambourg, Hamburger Édition, 2009, p. 148.

5. « Ich erkläre hiemit unter Berufung auf mein Ehrenwort, dass ich die Weisung des Führers in allen Lagen treu befolgen werde, was ich mit einer unterschrift zum Ausdruck bringe. » Cité d'après deux décla-

rations de garde et de gardienne dans Elissa Mailänder Koslov, *Gewaltim Dienstallag*, *op. cit.*, p. 147.

6. Deux témoignages cités par Elissa Mailänder Koslov, *op. cit.,* p. 138-139.

7. *Ibid.,* p. 145-146.

8. Norbert Frei, Thomas Grotum, Jan Parcer, Sybille Steinbacher, Bernd Wagner (éd.), *Standort-und Kommandanturbefehle des Konzentragiouslager Auschwitz*, Munich, Sanz Verlag, 2000.

9. Pour reprendre le titre de Robert Merle, *La mort est mon métier,* Paris, Gallimard, 1976.

10. Hermann Langbein, *Hommes et femmes à Auschwitz*, Paris, Fayard, 1975, p. 45.

11. Carl Schrade, *Le Vétéran*, *op. cit.*, p. 253 et 336.

12. André Sellier, *Histoire du camp de Dora*, Paris, La Découverte, 1998, éd. 2010, p. 92 *sq*.

13. Elissa Mailänder Koslov, *Gewaltim Dienstalltag*, *op. cit.*

III
Le bien-être selon Himmler

1. Pour une synthèse sur ce voyage, voir Frentz Walter, *L'Œil du Reich*, Paris, Perrin, 2009.

2. Rudolf Höss, *Le commandant d'Auschwitz parle*, Paris, La Découverte, 1995, éd. 2005, p. 177.

3. Longerich Peter, *Himmler*, *op. cit*.

4. Germaine Tillion, *Ravensbrück*, Paris, La Martinière, 2005, p. 33.

5. Voir les archives du secteur propagande du parti sous la gestion de Himmler, NS 18.

6. Sur l'importance de la référence à l'Antiquité sous le IIIe Reich, voir Johann Chapoutot, *Le National-socialisme et l'Antiquité*, Paris, PUF, 2008.

7. Höss cité par Germaine Tillion, *Ravensbrück, op. cit.*, p. 109.

8. L'entreprise Allach avait la SS pour principal client. Elle vendait aussi à des particuliers ses porcelaines aux motifs animaliers. Elle produisait entre autres des collections de soldats historiques dont les régiments à tête de mort qui, au XVIIe siècle, avaient appartenu à l'armée prussienne.

9. Ian Kershaw, dans *Making Friends with Hitler* (Londres, Allen Lane, 2004), a montré que Lord Londonderry possédait une des statuettes de porcelaine Allach.

10. Hannah Arendt, *The Origins of Totalitarism*, New York, Harcourt-Brace and Co., 1951, p. 331. Voir aussi Robert O. Paxton, « The Five Stages of Fascism », *Journal of Modern History*, mars 1998, vol. 70, n° 1, p. 1-23.

11. Sur Ley, voir Ronald Smelser, *Robert Ley. Hitler's Labour Front Leader*, Oxford, 1988.

12. Felix Kersten, *The Kersten Memoirs*, Londres, Hutchinsen, 1956.

13. Voir en particulier à Berlin, au Bundesarchiv, le fonds NS19 dans lequel se trouvent les actes de son Adjudantur personnelle.

14. Voir l'emploi qu'il en fait selon sa femme au moment de l'Anschluss, Margarete Himmler, « Tagebuch », in *WerstattGeschichte*, n° 25, 2000, Hambourg, p. 78-95, voir p. 83.

15. *Ibid.*, p. 85.

16. Gudrun Schwarz, *Eine Frau an seiner Seite. Ehefrauen in der « SS-Sippengemeinschaft »*, Hamburger Edition, 1997. Un ouvrage de référence trop souvent ignoré.

17. Voir leur publication dans *Bild*, 8 novembre 2008.

18. Voir par exemple les nombreux échanges dans NS 19/1337 et NS 19/3456.

19. Gudrun Schwarz, *Eine Frau an seiner Seite*, *op. cit.*, p. 71 *sq.*

IV
Dans l'intimité des bourreaux

1. Gudrun Schwarz, *Ein Frau an seiner Seite, op. cit.*, p. 54 *sq.*

2. Germaine Tillion, Ravensbrück, *op. cit.*, p. 134.

3. Irith Dublon-Knebel, « Erinnern kann ich mich nur eine Frau Danz... », *in* Simone Erpel, *Im Gefolde des SS, op. cit.*, p. 299-315.

4. Elissa Mailänder Koslov, *Gewalt im Dienstalltag,* Hambourg, *op. cit.*, p. 246-252.

5. Rudolf Höss, *Le commandant d'Auschwitz parle*, *op. cit.*, p. 170.

6. *Ibid.*, p. 169.

7. Sereny Gitta, *Au fond des ténèbres. Un bourreau parle. Franz Stangl, commandant de Treblinka*, Paris, Denoël, 2007.

8. Rudolf Höss, *Le commandant d'Auschwitz parle, op. cit.,* p. 170.

9. Jean-Luc Leleu, *La Waffen SS*, Paris, Perrin, 2007 ; Florence Tamagne, *Histoire de l'homosexualité en Europe (Berlin, Londres, Paris, 1919-1939)*, Paris, Seuil, 2000.

10. Hermann Langbein, *Hommes et femmes à Auschwitz,* Paris, Fayard, 1975, p. 384-385.

11. *Ibid.,* p. 297.

12. Elissa Mailänder Koslov, *Gewalt im Dien Stallag, op. cit.*, p. 326.

13. Eugen Kogon, *L'État SS,* Paris, Seuil, 1947, éd. 1993, p. 329.

14. Hermann Langbein, *Hommes et femmes à Auschwitz, op. cit.,* p. 297.

15. NS 3, 398, f° 100, voir l'exemple d'un envoi à Plaszow.

16. Simone Lagrange, *Coupable d'être née*, Paris, L'Harmattan, 2000.

17. Nous suivons ici le schéma proposé par Eugen Kogon, *L'État SS, op. cit.*, p. 329.

18. Christian Ingrao, *in* Fabrice d'Almeida, Anne-Claude Ambroise-Rendu et Nicole Edelman, *Le Geste objet d'histoire ?*, Paris, Seli Arslan.

19. Germaine Tillion, Ravensbrück, *op. cit.*, p. 59.

20. Gudrun Schwarz, *Ein Frau an seiner Seite, op. cit.*, p. 145 *sq.*

V
Distraire les bourreaux

1. NS 3, 398, f° 14.

2. NS 3/396, f° 262, toujours à la date du 9 novembre 1940, la demande est envoyée au commandant du camp de Wewelsburg.

3. NS3/396, f° 121.

4. Karin Orth, *Das System der nazionalsozialistischen Konzentrationslager*, *op. cit.*, p. 99.

5. *Ibid.,* p. 69 *sq*.

6. Le concept de recharge sacrale est emprunté à Alphonse Dupront, *Du Sacré*, Paris, Gallimard, 1987.

7. NS3/399, f° 1, lettre récapitulative du commandant de Neuengamme du 26 mai 1942.

8. NS3/409, f° 42.

9. Voir le récapitulatif pour Mauthausen, NS 3/396, f° 100, 2 Mundharmonicas de la firme Heidegger de Linz qui fournit aussi des partitions, 25 octobre 1942, pour 9,35 RM.

10. Voir par exemple la confirmation de réception d'un Ziehharmonica à Groß-Rosen, NS3/396, f° 72 et

11. Pour le bon de garantie, NS3/409, f° 288.

12. Des trompettes apparaissent dans le récapitulatif de Dachau pour 1941-1942, NS 3/397, f° 78v. Le texte paraît préciser qu'elles auraient été livrées au SS Sturmbannführer Engelmann.

13. La commande d'un saxophone est repérable dans le récapitulatif pour Mauthausen 1942-1943, NS 3/396, f° 111v, le 24 avril 1942, pour 16,70 RM, il vient de la firme Heidecker, elle aussi de Linz.

14. Dans le roman de Louis de Bernière, *La Mandoline du capitaine Corelli* (Paris, Gallimard, 2002), c'est en fait un Italien qui pratique cet instrument.

15. NS3/398, f° 61-62. Sans doute la peur d'une accusation de vol sévèrement sanctionné.

16. NS3/397, f° 147, 28 mai 1942.

17. D'après NS3/409, f° 343. On notera que sur la liste des camps manquent plusieurs établissements pourtant gérés par la SS, mais qui ne semblent pas pris en compte directement : Treblinka, Chemlo, Sobibor, Belzec, des lieux d'extermination. La liste correspond pourtant à un modèle de grille utilisé pour d'autres récapitulatifs.

18. Dans un document apparemment postérieur (juin 1942), le camp déclare avoir déjà 16 instruments et en réclame 10 autres, NS3 396, f° 348.

19. En 1941, on relève une commande de 1500 *Liederbücher* pour l'IKL, NS3/409, f° 324.

20. Récapitulatif adressé le 19 juin 1942, NS3 396, f° 348.

21. NS3/396, f° 282.

22. À l'inverse, les chants des SS ne sont guère rappelés, alors que, dans la mémoire des occupations, ils sont mentionnés. Les chants tyroliens comme le *Eili-Eilo* sont même devenus l'objet de caricatures. Or, les compagnies à tête de mort chantaient régulièrement en défilant dans les villes où elles étaient stationnées et même en accompagnant les colonnes de prisonniers. L'oubli de ces pratiques reflète vraisemblablement le refoulement d'une domination qui était ressentie jusque dans l'impossibilité d'échapper à la voix des bourreaux.

23. Coco Schumann (Heinz), *Der Ghettoswinger*, Hamburg, DTV, 1997.

24. *SS Liederbuch*, Munich, Zentral Verlag der NSDAP, 1942, p. 230.

25. NS3/398, f° 3.

26. NS3/397, f° 86.

27. 4 Spielmagazin, 2 Schachspiel, 2 Dominos, 1 Universalspiel, 2 Mensch ärgere dich nicht, 4 Trudeln und Stücken, 4 Knoble knorke, 2 tennis de table, 4 Würfelbecher, 8 Skatkarten, 4 Doppelkopfkarten, 4 Rome, 1 Torock, 4 Pfeile, 1 Romba, 4 Halma.

28. N23/409, f° 60.

29. Voir la notion dans la note du 8 mai 1943, NS3/396, f° 205.

30. Le récépissé de décembre 1941 ne précise pas si l'objectif est de fournir l'administration centrale ou d'encourager la pratique de l'escrime dans les 23 Kommandanturs gérées par l'IKL.

31. Sachsenhausen.

32. NS3/399, f° 126.

33. NS3/409, f° 203, commande du 6 octobre 1943.

34. Eugen Kogon, *L'État SS*, *op. cit.*, p. 147.

35. NS3/396, f° 315.

36. NS3/399, f° 91.

37. La firme avait déjà fait l'objet de commandes d'équipement et livré plusieurs dizaines d'appareils, ainsi que les phonos Scala, voir NS3/399, f° 86-106.

38. NS3/399, les folios sont cités dans l'ordre du texte, ff° 119, 118, 166, 170, 69, 82, 85, 94.

39. Le 12 juillet 1944, le camp de Hinzert reçoit 60 disques (f° 270). Il en avait reçu 22 le 22 octobre 1942 (f° 64), 30 le 30 octobre 1942 (f° 50), le 25 juillet 1944 (f°288) ; 60 disques arrivent à Bergen-Belsen le 4 septembre 1944, 21 disques sont reçus à la Kommandantur de Buchenwald (NS3/396, f°305).

40. La documentation disponible de l'IKL ne mentionne pas de commandes spécifiques, car les envois sont groupés et non définis.

41. NS3/397, f° 220, 224. Voir aussi NS3/399, f° 129, la facture pour novembre 1943.

42. NS3/409, f° 185, 217.

43. NS3/399, f° 98.

44. NS/399, f° 102.

45. Voir NS3/398, ff° 194 *sq.*, notamment f° 197.

46. NS3/308, f° 200.

47. NS3/409, ff° 340 *sq.*

48. NS3/399, f° 66, 67.

49. NS3/399, f° 32v.

50. NS3/1571, p. 52.

51. NS3/1579, f° 9.

52. NS3/399, f° 59, lettre du 23 mars 1943.

53. NS3/399, f° 60, 61, lettre du 12 avril 1943.

54. NS3/399, f° 15, demande datée du 30 janvier 1945.

55. NS3/398, f° 54, un document de réception de matériel du camp de Neuengamme du 19 octobre 1944. « 40 Stücke : Handblätter für die welta. Erziehung ».

VI
Lire, croire, imaginer

1. NS3/396, f° 121.

2. *Ibid.*

3. Sur Dora, voir André Sellier, *Histoire du camp de Dora*, *op. cit.*

4. NS3/397, f° 87-88v.

5. Le présence de ce livre de Kurt Pastenaci montre à quel point les SS voulaient penser la germanité comme antérieure au christianisme. Pastenaci, dans cet ouvrage, observe en effet l'est de l'Allemagne entre le IIIe et le Ier millénaire. Cet auteur avait été franc-maçon et considéré comme un danger potentiel pour le nazisme, dans les années 1930, mais pendant la guerre ses ouvrages,

notamment ceux destinés à la jeunesse, reçoivent un grand soutien du ministère de la Propagande.

6. NS3/398, ff° 97-99.

7. La bibliothèque SS vue à travers ces listes ne semble pas correspondre à la bibliothèque pour prisonniers décrite par Eugen Kogon, qui explique avec ironie toutes les ruses employées pour maintenir des ouvrages appartenant à la littérature dite « dégénérée » poursuivie par le Reich. Voir Eugen Kogon, *L'État SS, op. cit.*, éd. 1993, p. 150-151.

8. NS3/397, f° 2-9.

9. Le livre de Strohmeyer paru en 1939 raconte des voyages en Finlande. Mais l'auteur a par la suite effectué plusieurs récits de campagne militaire, en France en 1940, puis en Norvège.

10. Sur les références antiques sous le IIIe Reich, voir Johann Chapoutot, *Le National-socialisme et l'Antiquité*, Paris, PUF, 2008.

11. NS3/397, f° 115, lettre du 29 novembre 1943.

12. NS3/409, f° 81.

13. NS3/409, ff° 38-39v.

14. Richard Breitman, « Hitler and Genghis Khan », *in Journal of Contemporary History,* Londres, vol. 25, 1990, p. 337-351.

15. NS3/409, f° 113.

16. *Ibid.,* f° p. 112.

17. NS3/409, f° 82.

18. NS3/409, f° 51.

19. Sur les best-sellers sous le IIIe Reich, voir Christian Adam, *Lesen unter Hitler,* Berlin, Galiani Verlag, 2010, où l'on retrouve les mêmes paradoxes et oscillations entre l'idéologie et le marché. Ce qui surprend est que les camps aient été à l'unisson.

20. Voir l'envoi de 10 000 cahiers par le ministère de la Propagande à l'IKL, le 27 août 1942, f° 266.

21. Voir par exemple une fiche d'envoi, dans NS3/397, f° 39.

22. NS3/409, f° 341.

23. NS3/409, f° 344.

24. NS3/398, f° 103.

25. NS3/398, f° 23.

26. Sur les religions politiques, voir Emilio Gentile, *Les Religions de la politique,* Paris, Seuil, 2005. Sur l'eschatologie, voir Philippe Burrin, *Ressentiments et apocalypse,* Paris, Seuil, 2004.

27. Voir par exemple la fiche navette qui comprend un buste de Hitler pour le camp d'Arbeitsdorf, NS3/397, f° 134.

28. Sur le visage de Hitler et son évolution, tant dans la représentation que du point de vue physiologique, voir Claudia Schmölders, *Hitlers Gesicht,* Munich, Beck, 2000.

29. NS3/397, f° 68.

30. NS3/397, f° 110.

31. NS/397, f° 113. F° 153 à Sachsenhausen, un envoi similaire avec une œuvre d'art.

32. NS3/398, f° 39.

33. Voir notamment NS3/409, f° 258, Rechtlinien zur Gestaltung der Lebensfeiern der NSDAP, et Sonderdruck « 9. November » der Abt. Feiergestaltung im SS-Hauptamt.

34. NS3/409, ff° 234, 235.

35. Des figurines sont aussi adressées dans les camps. Les documents montrent qu'une porcelaine de porte-drapeau Allach est par exemple livrée à Auschwitz. Elle représente un SS portant un drapeau à croix gammée. Ce don était courant pour récompenser des officiers SS. Certains n'hésitaient pas à acquérir d'autres figures pour composer une collection. Rappelons que ces figurines de porcelaine provenaient des usines installées dans le périmètre économique du camp.

36. NS3/399, la demande pour 130 000 hommes de la Waffen SS. Voir NS3/398, f° 164 pour la réception des Päckchen à Auschwitz.

37. Sur la question de la mort sous le IIIe Reich, voir Jay W. Baird, *To Die for Germany. Heroes in the Nazi*

Pantheon, Indiana University Press, 1992, en particulier p. 213 *sq* pour le SS.

38. Voir son envoi à Dachau parmi une quinzaine d'autres brochures, NS3/397, f° 32. Il semble que la brochure *Vorschläge für die Abhaltung...* ait été mise au point en 1942 par l'état-major SS.

39. Carl Schrade, *Le Vétéran, op. cit.,* p. 120 *sq.*

40. Pour une analyse de l'héroïsation des morts nazis, voir Jay W. Baird, *To Die for Germany, op. cit.*

41. La cérémonie est visible dans l'album Höcker.

VII
Sortie de guerre et fin de partie

1. Gudrun Schwarz, *Eine Frau an Seiner Seite, op. cit.*

2. Jewish Virtual Library, Dachau Trial, US vs Martin Gottfried Weiss *et alii,* f° 11.

3. Eberhard Kolb, *Bergen-Belsen : vom « Aufenthaltslager » zum Konzentrationslager 1939-1945,* Vandenhoeck & Ruprecht, 2002, notamment p. 45 *sq.*

4. Rapport de Charles E. Cheever, pour la revue du procès de Dachau, Jewish Virtual Library, Dachau Trial, US vs Martin Gottfried Weiss *et alii*, f° 5 : « The skin had been taken from the chests and backs of many of the victims, treated with chemichals, dried in the sun and then cut up to make such things as gloves, slippers and hand bags (R 144, 145). Tattooed skin was the most desirable and many times the skin had been tattooed prior to removal in accordance with the demands of SS men (R 145). The practices of removing skins occurred in the year 1942 (R 146). No Germans could be used for this purpose (R 145). Russians were especially utilized (R 146). Some of the heads were cut off, boiled, the soft part removed, bleached in peroxide and put together again (R 161). The heads were then send to SS Schools, or given to SS doc-

tors or SS men (R 161). » Les parenthèses correspondent aux pièces citées en annexes des actes.

5. Jewish Virtual Library, Dachau Trial, US vs Martin Gottfried Weiss *et alii,* f° 57 : « Sister Pia was very well known in the camp. She also had a permanent detail in her Munich department. The prisoners were used in her garden and house. Sister Pia was not very popular with the largest part of the SS, she was even feared. She had much influence with the Berlin officials. When I say the largest part I do not mean the leaders because she was on good terms with them. Sister Pia had many things made for her in the camp in the various shops. She simply ordered this, but I do not think that she ever paid fot it. She also had a car when other civilian did not have anymore. She changed her driver very often because they could not stand her. »

6. Oswald Pohl, *Credo. Mein Weg zu Gott,* Landshut, Alois Girnth, 1950.

VIII
Retour sur le siècle des gardiens

1. Sur les différents registres des camps, voir Joël Kotek et Pierre Rigoulot, *Le Siècle des camps,* Paris, J.-C. Lattès, 2000.

2. Oleg V. Khlevniuk, *The History of the Gulag,* New Haven, Yale University Press, 2004, p. 86.

3. Edwin Bacon, *The Gulag at War,* London, MacMillan, 1994, p. 64 *sq*.

4. Ordre du 26 avril 1935, cité par Oleg V. Klevniuk, *The History of the Gulag, op. cit.,* p. 98-101.

5. *Ibid.,* p. 101-103.

6. Entretien avec Nicolas Werth.

7. Edwin Bacon, *The Gulag at war, op. cit.*, p. 154.

8. Voir Geldern James von, « Radio Moscow – The Voice from the Center », *in* Richard Stites (dir.), *Culture*

and Entertainment in Wartime Russia, Indiana University Press, 1995, p. 44-61.

9. Voir Andrew Horton, *Inside Soviet Film Satire,* Cambridge, Cambridge University Press, 1993, p. 83 *sq.*

10. Ian Carr, Digby Fairweather, Brian Priestley, *The Rough Guide to Jazz,* London, Penguin, 2004, p. 679 *sq.*

11. Anne Applebaum, *Gulag : A Histor,* New York, Doubleday, 2003.

12. Boris Cyrulnik, *La Honte,* Paris, Odile Jacob, 2010.

Conclusion

1. Voir la collection de réflexions rassemblée par Laurentin Emmanuel (dir.), *À quoi sert l'histoire aujourd'hui ?,* Paris, Bayard, 2010. Emmanuel Laurentin parle même d'une « mélancolie » (p. 7) et d'un regret pour une sorte d'âge d'or. Et de fait, rares sont les contributeurs de ce livre qui ont donné une vision optimiste de leur devenir professionnel.

2. Une lecture que propagent notamment des auteurs comme Patrice Gueniffey, *Histoire de la Révolution et de l'Empire*, Paris, Perrin, 2011, p. 7-26.

3. Fabrice Bouthillon, *Nazisme et révolution. Histoire et théologie du national-socialisme, 1789-1989,* Paris, Fayard, 2011. Une histoire des idées stimulante.

4. Conversation avec l'auteur. Jacques Ehrenfreund insiste sur l'idée d'une forme d'autonomisation intellectuelle des études sur le génocide des juifs, à la fois pour des raisons d'expertise toujours plus complexes, à cause des formes mémorielles prises par cet événement dans le monde et, en définitive, en raison du caractère du génocide lui-même.

5. On trouvera un bon condensé de cette approche dans Nicolas Beaupré, Anne Duménil et Christian Ingrao, *L'Ère de la guerre, 1914-1945,* Paris, Viénot, 2004, 2 vol.

6. Alain Corbin (dir.), *L'Avènement des loisirs 1850-1960,* Paris, Aubier, 1995.

7. Christian Ingrao, *Croire et détruire. Les intellectuels dans la machine de guerre SS,* Paris, Fayard, 2010, p. 444 *sq.*

8. Elissa Mailänder Koslov, *Gewalt im Dienstalltag, op. cit.*

9. C'est Johann Chapoutot qui nous a indiqué cet exemple si éclairant.

10. *Baedekers Generalgouvernement,* Leipzig, Karl Baedeker, 1943.

11. « Confessions of a Guantanamo Guard », *The Independent*, 18 février 2009.

Remerciements

Cet ouvrage a été rendu possible par une chaîne de complicité et d'amitié. Il trouve son origine dans un travail amorcé avec Agnès Vicariot sur l'album Höcker d'Auschwitz. Puis Cristelle Trouvé, Elissa Mailänder Koslov, Thomas Irmer, Johann Chapoutot et Christian Ingrao, grâce à des discussions approfondies et à des conseils toujours pertinents, m'ont permis de poursuivre et d'étendre ma réflexion. Une conversation avec Jacques Ehrenfreund a été l'occasion de réintroduire une perspective historiographique. Emmanuel Laurentin m'a incité à chercher la comparaison avec les autres gardiens du XXe siècle. Un entretien avec Nicolas Werth a été décisif pour comprendre la réalité des camps soviétiques. Les premiers lecteurs de ce travail qu'ont été Pascaline Balland et Anthony Rowley, en outre éditeur du livre, ont transformé le manuscrit. David Haziza et Jean-Baptiste Predali ont *in extremis* posé leur regard bienveillant sur mes hypothèses. Camille Marchaut-Baty ainsi que Marie-Laure Defretin ont su être disponibles pour accompagner la parution. Une pensée va à l'historien italien Alceo Riosa. Que tous trouvent ici mes remerciements.

Ce livre est dédié à la mémoire du « petit Riri », Henri Zelago, déporté et mort à Auschwitz à 4 ans.

Bibliographie sommaire

Adam, Christian, *Lesen unter Hitler,* Berlin, Galiani Verlag, 2010.

Almeida, Fabrice d', *La Vie mondaine sous le nazisme,* Paris, Perrin, 2006.

Aly, Götz, *Comment Hitler a acheté les Allemands,* Paris, Flammarion, 2005.

Applebaum, Ann, *Gulag : A History,* New York, Doubleday, 2003.

Arendt, Hannah, *Eichmann à Jérusalem,* Paris, Gallimard, [1963] 2002.

Arendt, Hannah, *Les Origines du totalitarisme,* Paris, Gallimard, [1951] 2002.

Bacon, Edwin, *The Gulag at War,* Londres, MacMillan, 1994.

Baganz, Carina, « Das Konzentrationslager Hohnstein », *in* Morsch, Günther, *Von der Sachsenburg nach Sachsenhausen,* Berlin, Metropol, 2007, p. 58.

Baird, Jay W., *To Die for Germany : Heroes in the Nazi Pantheon,* Bloomington, Indiana University Press, 1992.

Bajohr, Frank, *Parvenüs und Profiteure. Korruption in der NS-Zeit,* Frankfurt, Fischer, 2001.

Bajohr, Frank, Pohl, Dieter, *Der Holocaust als offenes Geheimnis. Die Deutschen, die NS-Führung, die Alliierten,* Munich, Beck, 2006.

Bankier, David, *The Germans and the Final Solution. Public Opinion under Nazism,* New York, Oxford University Press, 1992.

Bartov, Omer, *The Eastern Front 1941-1945. German Troops and the Barbarization of Warfare,* New York, St Martin's, 1986.

Beaupré, Nicolas, Duménil, Anne, Ingrao, Christian, *L'Ère de la guerre 1914-1945,* Paris, Viénot, 2004, 2 vol.

Becker, Annette, Audoin-Rouzeau, Stéphane, Ingrao, Christian, Rousso, Henri (dir.), *La Violence de guerre. Approche comparée des deux conflits mondiaux*, Bruxelles, Complexe, 2002.

Becker, Annette, *Les Oubliés de la Grande Guerre*, Paris, Noesis, 1998.

Benz, Wolfgang & Distel, Barbara (dir.), *Der Ort des Terrors. Geschichte der nationalsozialistischen Konzentrationslager,* München, Beck, 2009, 9 vol.

Benz, Wolfgang (éd.), *Die Juden in Deutschland*, Hamburg, Beck, 1988.

Berk, Gerald, Galvan, Dennis, « How Poeple Experience and Change Institutions : a Field to Creative Syncretism », *Theory and Society*, n° 38, 2009, pp. 543-580.

Bouthillon, Fabrice, *Nazisme et révolution. Histoire et théologie du national-socialisme 1789-1989,* Paris, Fayard, 2011.

Bracher, Karl Dietrich, Funke, Manfred, Jacobsen, Hans-Adolf (dir.), *Neue Studien zur nationalsozialistischen Herrschaft. Deutschland 1933-1945*, Bonn, 1993.

Breitman, Richard, « Hitler and Gengis Khan », in *Journal of Contemporary History,* Londres, vol. 25, 1990, pp. 337-351.

Breuer, Stefan, *Grundpositionen der deutschen Rechten 1871-1945,* Tübingen, Diskord, 1999.

Broszat, Martin, *L'État hitlérien*, Paris, Fayard, 1985.

Browning, Christopher R., *À l'intérieur d'un camp de travail nazi. Récits de survivants,* Paris, Les belles lettres, 2010.

Browning, Christopher R., *Des hommes ordinaires. Le 101e bataillon de réserve de la police allemande et la solution finale en Pologne*, Paris, Tallandier, 2007.

Browning, Christopher R., *Les Origines de la Solution finale. L'évolution de la politique antijuive des nazis septembre 1939-mars 1942,* Paris, Les belles lettres, 2007.

Burrin, Philippe, *Hitler et les Juifs. Genèse d'un génocide,* Paris, Seuil, 1989.

Burrin, Philippe, *Ressentiment et apocalypse. Essai sur l'antisémitisme nazi*, Paris, Seuil, 2004.

Cadin, Loïc, Guérin, Francis, Pigeyre, Frédérique, *La Gestion des ressources humaines*, Paris, Dunod, 2004.

Carr, Ian, Fairweather, Digby, Priestley, Brian, *The Rough Guide to Jazz,* Londres, Penguin, 2004.

Chamayou, Grégoire, *Les Chasses à l'homme*, Paris, La Fabrique, 2010.

Chapoutot, Johann, *Le National-socialisme et l'Antiquité,* Paris, PUF, 2008.

Chapoutot, Johann, *Le Meurtre de Weimar,* Paris, PUF, 2010.

Corbin, Alain (dir.), *L'Avènement des loisirs 1850-1960,* Paris, Aubier, 1995.

Courtois, Stéphane, Rayski, Adam, *Qui savait quoi ? L'extermination des Juifs 1941-1945*, Paris, La Découverte, 1987.

Cyrulnik, Boris, *La Honte,* Paris, Odile Jacob, 2010.

Dean, Martin, *Collaboration in the Holocaust. Cimes of the Local Police in Bielorussia and Ukraine,* New York, St Martin's, 2000.

Des voix sous la cendre. Manuscrits des Sonderkommandos d'Auschwitz-Birkenau, Paris, Calmann-Lévy, Mémorial de la Shoah, 2005.

Dupront, Alphonse, *Du sacré,* Paris, Gallimard, 1987.

El Kenz, David (dir.), *Le Massacre objet d'histoire,* Paris, Gallimard, 2005.

Epelbaum, Didier, *Obéir. Les déshonneurs du capitaine Vieux – Drancy, 1941-1944,* Paris, Stock, 2009.

Erpel, Simone, « Einführung », *in* Erpel, Simone (dir.), *Im Gefolde der SS : Aufseherinnen des Frauen-KZ Ravensbrück,* Berlin, Metropol, 2007, p. 23.

Erpel, Simone (dir.), *Im Gefolge der SS : Aufseherinnen des Frauen-KZ Ravensbrück,* Berlin, Metropol, 2007, p. 23.

Essner, Cornelia, *Die 'Nürnberger Gesetze' oder die Verwaltung des Rassenwahns 1933-1945*, Paderborn, Schöningh, 2002.

Farias, Victor, *Heidegger et le nazisme,* Paris, Verdier, 1987.

Faye, Emmanuel, *Heidegger. L'introduction du nazisme dans la philosophie : autour des séminaires inédits de 1933-1935,* Paris, Albin Michel, 2005.

Foucault, Michel, *Surveiller et punir,* Paris, Gallimard, 1998.

Friedländer, Saul, *L'Allemagne nazie et les Juifs,* Paris, Seuil, 2 vol., 1997-2008.

Galvan, Dennis, *The State Must Be Our Master of Fire,* Berkeley, California University Press, 2004.

Gauchet, Marcel, *L'Avènement de la démocratie*, vol. 3 : *À l'épreuve des totalitarismes 1914-1974,* Paris, Gallimard, 2010.

Geldern, James von, « Radio Moscow. The Voice from the Center », *in* Stites, Richard (dir.), *Culture and Entertainment in Wartime Russia,* Indiana University Press, 1995.

Gensburger, Sophie, Dreyfus, Jean-Marc, *Des camps dans Paris,* Paris, Fayard, 2004.

Gentile, Emilio, *Les Religions de la politique,* Paris, Seuil, 2005.

Gerhard, Paul, Mallmann, Klaus-Michael (dir.), *Die Gestapo im Zweiten Weltkrieg. « Heimatfront » und besetzes Europa,* Darmstadt, Primus Verlag, 2002.

Gerlach, Christian, *Krieg, Ernährung, Völkermord,* Hambourg, Hamburger Edition, 1998.

Glucksmann, André, *Les Deux Chemins de la philosophie,* Paris, Plon, 2009.

Goldhagen, Daniel J., *Les Bourreaux volontaires de Hitler,* Paris, Seuil, 1997.

Golsensohn, Léon, *Les Entretiens de Nuremberg,* Paris, Flammarion, 2009.

Goschler, Constantin, Ther, Philipp (dir.), *Raub und Restitution,* Frankfurt, Fischer, 2003.

Gueniffey, Patrice, *Histoire de la Révolution et l'Empire,* Paris, Perrin, 2011.

Guenther, Irene, *Nazi Chic. Fashioning Women in the Third Reich,* New York, Berg, 2004.

Herbert, Ulrich (dir.), *Nationalsozialistische Vernichtungspolitik. Neue Forschungen und Kontroversen,* Frankfurt/Main, Fischer, 1998.

Herbert, Ulrich, *Best. Biographischen Studien über Radikalismus, Weltanschauung und Vernunft 1903-1989,* Bonn, Dietz, 1996.

Hilbert, Raul, *Exécuteurs, victimes, témoins. La catastrophe juive 1933-1945*, Paris, Gallimard, 1994.

Hilbert, Raul, *La Destruction des Juifs d'Europe,* Paris, Gallimard, 3 vol., 2006.

Horton, Andrew, *Inside Soviet Film Satire,* Cambridge, Cambridge University Press, 1993.

Husson, Edouard, *Heydrich et la solution finale,* Paris, Perrin, 2008.

Ingrao, Christian, *Croire et détruire. Les intellectuels dans la machine de guerre SS,* Paris, Fayard, 2010.

Ingrao, Christian, *Les Chasseurs noirs. La brigade Dirlewanger,* Paris, Perrin, 2006.

Kershaw, Ian, dans *Making Friends with Hitler. Lord Londonderry and the Roots of Apeasement,* Londres, Allen Lane, 2004.

Khlevniuk, Oleg V., *The History of the Gulag,* New Haven, Yale University Press, 2004.

Koch, Peter-Ferdinand, *Die Geldgeschäfte der SS. Wie die deutsche Banken den schwarzen Terror finanzieren,* Hambourg, Hoffmann und Campe, 2000.

Koehl, Robert, *The Black Corps. The Structure and Power Struggles of the Nazi SS,* Madison, University of Wisconsin Press, 1983.

Kolb, Eberhard, *Bergen-Belsen : vom "Aufenthaltslager" zum Konzentrationslager 1939-1945,* Vandenhoeck & Ruprecht, 2002.

Kotek, Joël, Rigoulot, Pierre, *Le Siècle des camps,* Paris, J.-C. Lattès, 2000.

L'Œil du IIIe Reich. Walter Frentz, le photographe de Hitler, Paris, Perrin, 2009.

Laurentin, Emmanuel (dir.), *À quoi sert l'histoire aujourd'hui ?,* Paris, Bayard, 2010,

Leleu, Jean-Luc, *La Waffen SS. Soldats politiques en guerre*, Paris, Perrin, 2007.

Levinas, Emmanuel, *Totalité et infini*, Paris, Le livre de poche, [1961] 1990.

Longerich Peter, *Himmler,* Paris, Héloïse d'Ormesson, 2010.

Lüdtke, Alf, *Herrschaft als soziale Praxis. Historische und sozial-anthropologische Studien,* Göttingen, Vandenhoeck & Ruprecht, 1991.

MacLean, French L., *The Camp Men. The SS Offizers Who Ran the Nazi Concentration Camp System*, Atglen, Schiffer Ltd, 2004.

Mailänder Koslov, Elissa, *Gewalt im Dienstalltag,* Hambourg, Hamburger Edition, 2009.

Mayer, Arno, *La Solution finale dans l'histoire,* Paris, La Découverte, 1990.

Mazower, Mark, *Dark Continent. Europe's Twentieth Century*, Londres, Penguin Books, 1999.

Meinen, Insa, *Wehrmacht und Prostitution im besetzten Frankreich,* Bremen, Edition Temmen, 2002.

Milgram, Stanley, *Soumission à l'autorité,* Paris, Calmann-Lévy, 1994.

Möller, Horst, *Die Weimarer Republik,* Munich, DTV, 2006.

Möller, Horst, Dahm, Volker, Mehringer, Hartmut, Feiber, Albert A., *Die tödliche Utopie,* Munich, IFZ, 1999.

Morsch, Günther (dir.), *Von der Sachsenburg nach Sachsenhausen – Bilder aus dem Fotoalbum eines KZ Kommandanten*, Berlin, Metropol, 2007.

Mosse, George L, *The Nationalization of the Masses. Political Symbolism and Mass Movements in Germany from the Napoleonic Wars Through the Third Reich,* New York, Fertig, 1975.

Mosse, George L., *De la guerre au totalitarisme. La brutalisation des sociétés européennes*, Paris, Hachette, 1999.

Neumann, Franz, *Behemoth,* New York, Harper, 1944.

Nova, Fritz, *Alfred Rosenberg. Nazi Theorist of the Holocaust,* New York, Hippocrene Books, 1986.

Orth, Karin, *Das System der nationalsozialistischen Konzentrationslager. Eine politische Organisationsgeschichte,* Hambourg, Hamburger Edition, 1999.

Ory, Pascal, *Du fascisme,* Paris, Perrin, 2003.

Pavlov, Ivan, *Conditioned Reflexes,* Londres, Routledge and Kegan, 1927.

Paxton, Robert O., « The Five Stages of Fascism », *Journal of Modern History,* mars 1998, vol. 70, n°1, pp. 1-23.

Peis, Gunter, *The Man Who Starded the War*, Londres, Oldhams Press, 1960.

Peretti, Jean-Marie, *La Gestion des ressources humaines,* Paris, Vuibert, éd. 2009.

Pohl, Dieter, *Nazionalsozialistische Judenverfolgung in Ostgalizien 1941-1944*, Munich, Oldenburg, 1996.

Poliakov, Léon, *Auschwitz,* Paris, Gallimard, éd. 2006 [1990].

Poliakov, Léon, *Histoire de l'antisémitisme,* Paris, Seuil, [1955-1977] 1991, 3 vol.

Popper, Karl, *La Société ouverte et ses ennemis,* Paris, Seuil, [1945] 1979, 2 vol.

Prazan, Michaël, *Einsatzgruppen,* Paris, Seuil, 2010.

Rees, Laurence, *Auschwitz – Les nazis et la solution finale*, Paris, Albin Michel, 2005.

Reichel, Peter, *La Fascination du nazisme*, Paris, Odile Jacob, 1993.

Roseman, Mark, *The Villa, the Lake, the Meeting. Wannsee and the Final Solution,* Londres, Allen Lane, 2002.

Ross, Corey, *Media and the Making of Modern Germany,* Oxford, OUP, 2010.

Schmölders, Claudia, *Hitlers Gesicht,* Munich, Beck, 2000.

Schwarz, Gudrun, « Verdrängte Täterinnen. Frauen im Apparat der SS (1939-1945) », *in* Wobbe, Theresa (dir.), *Nach Osten. Verdreckte Spuren nationalsozialistischer Verbrechen,* Francfort-sur-le-Main, 1992, pp. 197-227.

Schwarz, Gudrun, *Eine Frau an seiner Seite. Ehefrauen in der SS-Sippengemeinschaft*, Berlin, AtV, 2001.

Segev, Tom, *Soldiers of Evil : The Commandants of the Nazi Concentration Camps,* New York, McGraw-Hill, 1988.

Sellier, André, *Histoire du camp de Dora,* Paris, La Découverte, 1998, éd. 2010.

Smelser, Ronald, *Robert Ley : Hitler's Labour Front Leader*, Oxford, 1988.

Steinbacher, Sybille, *« Musterstadt » Auschwitz. Germanisierungspolitik und Judenmord in Ostoberschlesien,* Munich, KG Saur Verlag, 2000.

Swett, Pamela, Ross, Corey, d'Almeida, Fabrice (dir.), *Pleasure and Power in Nazi Germany,* New York, Palgrave-MacMillan, 2011.

Thalhofer, Elisabeth, *Entgrenzung der Gewalt, Gestapo-Lager in der Endphase des Dritten Reiches,* Paderborn, Schöningh, 2010.

Thalhofer, Elisabeth, *Neue Bremm – Terrorstätte der Gestapo*, St Ingbert, Röhrig, éd. 2004.

Wegner, Bernd, *Hitlers politische Soldaten : die Waffen SS 1939-1945,* Paderborn, Schöningh, 1988.

Welzer, Harald, *Les Exécuteurs. Des hommes normaux aux meurtriers de masse,* Paris, Gallimard, 2005.

Werth, Nicolas, *L'Ile aux cannibales. 1933, une déportation-abandon en Sibérie,* Paris, Perrin, 2006.

Werth, Nicolas, *La Terreur et le Désarroi,* Paris, Perrin, 2008.

Wieviorka, Annette, *Déportation et génocide – Entre la mémoire et l'oubli,* Paris, Plon, 1992.

Wieviorka, Annette, *L'Ère du témoin*, Paris, Plon, 1998.

Wildt, Michael, *Generation des Unbedingten. Das Führungskorps des Reichssicherheitshauptamtes,* Hambourg, Hamburger Edition, 2002.

Wilkinson, Alec, « Picturing Auschwitz », *The New Yorker,* 17 mars 2008, pp. 48-55.

Sources

Archives

La présente enquête repose principalement sur le dépouillement de la série d'archives qui décrit les Truppenbetreuungen (un ensemble de distractions officielles mises en place par l'armée et le ministère de la Propagande) des unités SS à tête de mort. Il s'agit d'une fraction du fonds concernant l'administration centrale de gestion des camps (NS 3). Plus particulièrement, les dossiers suivants ont inspiré les chapitres sur les loisirs : Série NS3 de NS3/390 à NS3/420 ; NS3/1570 à NS3/1579. Nous avons cité dans l'ouvrage les dossiers :

• NS 3/396. Beaucoup d'éléments sur les commandes d'instruments de musique. Sur la presse, une intéressante lettre du 9 novembre 1940 pour savoir qui s'intéresse aux actualités dans le camp de Webelsburg. Et le f° 333 qui effectue un récapitulatif pour le camp de Buchenwald avec mention d'une soirée costumée.

• NS 3/397. Des commandes diverses incluant du matériel de rasage qui montrent que le circuit des

Truppenbetreuung sert tout simplement pour le confort, le bien-être. Dans ce dossier, un récapitulatif des commandes de Dachau et les listes de livres de Buchenwald « Dora », la liste pour Hinzert et le camp de Plaszow qui manque d'espace. Plus loin des listes de livres pour Auschwitz, y compris pour des familles. Et le fonds envoyé à Natzweiler.

• NS 3/398. Éclairant sur les accusés de réception par les établissements, notamment les cartes pour le kommando de Garlitz. De nombreux éléments sur le camp de Neuengamme dont les demandes d'instruments, livres, radio... Puis une série sur Mittelbau et Plaszow et les questions de cinéma à Auschwitz. F° 197 la demande d'Herzogenbusch pour le cinéma.

• NS 3/399. Beaucoup d'éléments sur les disques et les phonos. Un document réclamant du dentifrice pour un des régiments de Totenkopf (12 000 hommes) qui indique les chevauchements de prérogatives entre les bureaux. Un questionnaire de la Croix-Rouge et ses conditions d'usage. Lettre de Glück à un blessé. Le fameux dossier polémique entre Seifert et Sand.

• NS 3/409. Dossier très riche. Contient plusieurs listes récapitulatives du matériel dans les différents camps, absence notable de Treblinka, Chemlo, Sobibor, Belzec : des lieux d'extermination. Les envois de livres au responsable de camp ; les accusés de réception. F° 112 les remerciements du commandant de Natzweiler. La concurrence entre Himmler et Pohl pour acheter le portrait de Eicke, comme un hommage posthume à leur camarade.

• NS 3/1571. Nombreux éléments sur les camps de Kauen et Vaivara. Voir aussi les envois au camp de jeunes de Moringen. Intéressant de comparer la condition des gardes de Flossenbürg avec les mémoires de Carl Schrade.

• NS 3/1579. Avec les demandes du camp de Varsovie dont le personnel ne peut sortir aisément à cause de l'insécurité.

Au sein du Bundesarchiv de Berlin, nous avons consulté d'autres séries.

Sur Himmler et la propagande :
• NS 18/868 Documentation pour renseigner l'industrie « oratoire », réservation de salles, etc.

Nous avons aussi utilisé pour analyser les logiques de Himmler la série qui contient les informations sur son Adjudantur : Série NS 19. Ce sont notamment les dossiers :
• NS 19/44 Accusation de manque de tact à l'encontre de la division Das Reich (1941).

• NS 19/424. Des *Lebensleuchter* pour des jeunes méritants (cadeau). Tact de l'administration pour ne pas décevoir qui n'en aurait pas car la production est faible.

• NS 19/1121. Qui paie les porcelaines offertes en cadeau ? Échange de lettres entre Wolff et le service de gestion de la SS.

• NS 19/1337. Cadeaux pour naissance : vitamines, un *Lebensleuchter* gravé pour une naissance. Noter l'existence d'un formulaire de commande de porcelaines pour le bureau du Reichsführer. Indice de la haute fréquence des demandes.

• NS 19/1437. *Terminkalender* de Himmler.

• NS 19/2044. Ce que l'on déménage de la SS Kommandostelle de Gmund en 1944, les livres et les porcelaines. Une sorte d'inventaire avec liste qui permet de connaître ce que l'on lit et donc la culture de base du SS. Ce dossier permet notamment de comparer avec les livres reçus dans les camps.

• NS 19/3359. Copies de lettres de remerciements à Himmler pour cadeaux de naissance. Plusieurs femmes expliquent à cette occasion avoir perdu leur mari et avoir eu besoin de l'entraide sociale de la SS.

• NS 19/3485. Les courses et livraisons faites à Himmler et à son bureau. La liste de jouets commandés et reçus depuis une entreprise de Finlande pour la Julfest.

Ponctuellement, nous avons utilisé une série pour des instruments de musique prohibés :

R 58/740. Interdiction de la Martin-Trompette (Schalmeien), 1935. Le parti nazi souhaite clarifier l'interdiction car ces pipeaux, par leur musicalité, pourraient rappeler le parti communiste.

Au fil des années, j'ai aussi consulté les dossiers de différents officiers et sous-officiers des camps de concentration. La matière est là aussi assez pauvre dans la mesure où toutes les carrières ne sont pas également documentées ni toutes les étapes de la vie l'objet de procédures d'évaluation complexe. Ces documents issus de l'ancien Berlin Document Center sont maintenant accessibles au Bundesarchiv, à Lichterfelde, par l'intermédiaire d'une base de données informatique.

Nous avons aussi consulté par courrier des dossiers de détenus *via* l'International Tracing Service, installé à Bad Arolsen, mais dont le fichier numérisé est désormais aussi consultable dans les pays membres de cette organisation, en particulier au musée de l'Holocauste de Washington (USHMM) que nous remercions de son aide.

Au CEGES, à Bruxelles, nous avons utilisé une partie du fonds Matyn.

Archives privées

Nous avons consulté des albums de photos privées prises par des familles allemandes dans les années du nazisme. Nous avons notamment consulté un album de troupes SS à tête de mort se rendant sur le front russe. À noter, les têtes de mort peintes sur les wagons qui montraient la fierté des unités.

Documentation audiovisuelle

Quelques documentaires nous ont été particulièrement utiles pour préciser notre angle de lecture.

Die SS – Eine Warnung der Geschichte, Guido Knopp, en quatre volets, 2003.

Einsatzgruppen – Les commandos de la mort, en deux volets, Michaël Prazan, 2009.

Auschwitz – La solution finale, Laurence Rees, en trois volets, 2005.

Un spécialiste, Rony Brauman & Eyal Sivan, 2000.

Les Deutsche Wochenshau (au Filmarchiv), les actualités filmées du IIIe Reich, possèdent plusieurs reportages de guerre sur la Waffen SS et sur les SS (y compris avant la guerre, avec des prises d'armes, des cérémonies, la Julfest...) ; quelques-uns ont été consacrés à des sites d'internement. Mais ils restent rares, tout comme les documentaires de l'époque. On relève surtout les reportages de la Libération (1945) sur Buchenwald, Bergen-Belsen (avec les surveillantes prisonnières). Les cameramen ont aussi enquêté sur des massacres de masse de prisonniers près de Leipzig, puis ils ont rendu compte des procès de Lunebourg, Nuremberg, Dachau, Ravensbrück... À noter le film sur les surveillantes de Ravensbrück en 1946 (WIF 062).

Les films de la période nazie permettent de replacer la perspective idéologique des camps et du rôle des gardiens, au Filmarchiv de Berlin :

Kampf den Fleckfieber, 1942, à propos des épidémies et de la question sanitaire. Il insiste sur les Juifs malades.

Aus Lodz wird Litzmannstadt, 1941-1942, à propos de la germanisation et de la constitution d'un modèle pour l'occupation avec les logiques de hiérarchie des populations. Une insistance sur les jeux d'eau.

Das Warschauer Ghetto, 1942-1944, avec des images pour comprendre les transports.

Der Führer schenkt den Juden eine Stadt, 1943, le plus célèbre des films de propagande sur un camp, qui montre les fausses conditions de vie à Theresienstadt pour séduire la Croix-Rouge. Vu du côté bourreau, il est frappant de voir quelle conception du temps libre en découle, entre sport et musique.

Die Weichsel, 1941, film de propagande pour montrer l'équipement amélioré des villes du gouvernement général (Pologne) grâce au courant électrique.

Sources disponibles sur supports numériques

Der Frankfurter Prozess, Berlin, Directmedia Verlag, 2004, Die Digitale Bibliothek 101, DVD-ROM, environ. 80 000 pages. Sur le procès de Francfort du camp d'Auschwitz.

Jewish Virtual Library, http://www.jewishvirtuallibrary.org, avec les sources orignales et les rapports sur les procès de Dachau. Un fonds extrêmement utile.

Album Höcker consultable en ligne sur le site du musée de l'Holocauste de Washington (USHMM) : http://www.ushmm.org/museum/exhibit/online/ssalbum/

Sources imprimées

9. November, Abt. Feiergestaltung im SS-Hauptamt, sd.

Baedeckers Autoführer Deutsches Reich, Leipzig, Karl Baedecker, 1938.

Baedekers Generalgouvernement, Leipzig, Karl Baedeker, 1943.

Bernays, Edward, *Propaganda. Comment manipuler l'opinion en démocratie,* 1928, Paris, La Découverte, 2007.

Bild, 8 novembre 2008.

« Confessions of a Guantanamo Guard », *The Independent*, 18 février 2009.

Den Nürnberger Prozess gegen die Hauptkriegsverbrecher vom 14 november 1945-1. Oktober 1946, Nürnberg, 1947, 20 vol.

Deutscher Hotelfürher 1933. Dssd., 1933. 90 S. m. Karten u, Lufthansa-Streckennetz 4°. Ln., Querformat, Ebd. angestaubt, Drahtheftung rostig.

Frei, Norbert, Grotum, Thomas, Parcer, Jan, Steinbacher, Sybille, Wagner, Bernd C. (éd.), *Standort – Und Kommandanturbefehle des Konzentrationslagers Auschwitz 1940-1945*, Munich, KG Saur Verlag, 2000.

Höss, Rudolf, *Le commandant d'Auschwitz parle,* Paris, La Découverte, 1995, éd. 2005.

Kersten, Félix, *The Kersten Memoirs 1940-1945,* Londres, Hutchinson, 1956.

Kessel, Joseph, *Les Mains du miracle,* Paris, Gallimard, 1960.

Kogon, Eugen, *L'État SS,* Paris, Le Seuil, [1947] 1993.

Lagrange, Simone, *Coupable d'être née,* Paris, L'Harmattan, 2000.

Langbein, Hermann, *Hommes et femmes à Auschwitz,* Paris, Fayard, 1975.

Langhoff, Wolfgang, *Die Moorsoldaten. 13 Monate im Konzentrazionslager*, Zürich, 1935.

Lanzmann, Claude, *Le Lièvre de Patagonie,* Paris, Gallimard, 2009.

Lanzmann, Claude, *Un vivant qui passe : Auschwitz 1943-Theresienstadt 1944,* Paris, Mille et une nuits, 1997.

Margarete Himmler, « Tagebuch », in *WerstattGeschichte,* n° 25, 2000, Hambourg, pp. 78-95, voir p. 83.

Moczarski, Kazimierz, *Entretiens avec le bourreau*, Paris, Gallimard, 1979.

Nitecki, Alicia & Terry, Jack, *Jakub's World*, Albany, New York State University, 2005.

Paris Soir, le 4 août 1946.

Pohl, Oswald, *Credo – Mein Weg zu Gott,* Landshut, Alois Girnth, 1950.

Rechtlinien zur Gestaltung der Lebensfeiern der NSDAP, Abt. Feiergestaltung im SS-Hauptamt, sd.

Schrade, Carl, *Le Vétéran,* Paris, Fayard, 2011.

Schumann, Coco (Heinz), *Der Ghettoswinger*, Hambourg, DTV, 1997.

Semprun, Jorge, *L'Écriture ou la Vie*, Paris, Gallimard, 1994.

Speer, Albert, *Spandauer Tagebücher,* Frankfurt, Propyläen, 1975.

SS Liederbuch, Munich, Zentral Verlag der NSDAP, 1942.

Stern, Anne-Lise, *Le Savoir déporté*, Paris, Le Seuil, 2004.

Tagesspiegel, 26 janvier 2010.

Tillion, Germaine, *Ravensbrück,* Paris, Le Seuil, 1988.

Vorschläge für Abhaltung einer Totenfeier, SS Hauptamt, Zentral Verlag der NSDAP, 1942.

Table

Introduction 7

I. – Qui sont les gardiens ? 29
Au début était Hitler… 31
Quand les gardiens étaient d'abord des SA 34
Les SS sur le devant de la scène 38
L'ordre SS 42
L'extension des gardes suit l'expansion des camps 49

II. – Le modèle SS de gardien et ses avatars 54
Les gardiennes de la SS 57
Le travail dans les grands camps des années de guerre 61
Le temps de travail 69

III. – Le bien-être selon Himmler 73
Himmler en directeur des ressources humaines 75
Des loisirs pour idéologie 79
Une tribu bien portante 85
Des choix coordonnés 91

IV. – Dans l'intimité des bourreaux 98
Une sexualité déréglée ? 100
Manger et boire pour passer le temps 111

V. – Distraire les bourreaux 122
La musique n'adoucit pas toutes les mœurs 127
Des jeux pour ne pas s'énerver 136
Garder un corps sain : le sport 141
Le disque entre formation et loisir 145
Des spectacles inégalement répartis 149
Des médias pour les gardiens 154
VI. – Lire, croire, imaginer 161
Des livres à Buchenwald, Dora, Mittelbau 163
Composer une bibliothèque entre administrations centrale et locales 170
Un idéal de formation 178
Des rituels et des morts 183
VII. – Sortie de guerre et fin de partie 197
Des bourreaux dans l'inconfort 197
Les procès et l'éclipse des loisirs 202
Le regard des déportés survivants 211
VIII. – Retour sur le siècle des gardiens 216
Garder, trier 216
Gardiens du Goulag 218
Que faire pour gérer le temps ? 227
Encore une exception SS 231

Conclusion 237
Notes 251
Remerciements 269
Bibliographie sommaire 271
Sources 281

Photocomposition Nord Compo
Villeneuve-d'Ascq

Cet ouvrage a été imprimé
par CPI Firmin-Didot
Mesnil-sur-l'Estrée
pour le compte des Editions Fayard
en août 2011

Dépôt légal : septembre 2011
N° d'édition : 36-14-2614-0/01 - N° d'impression : 106254
Imprimé en France

Pour l'éditeur, le principe est d'utiliser des papiers composés de fibres naturelles, renouvelables, recyclables et fabriquées à partir de bois issu de forêts qui adoptent un système d'aménagement durable. En outre, l'éditeur attend de ses fournisseurs de papier qu'ils s'inscrivent dans une démarche de certification environnementale reconnue.